大展好書 好書大展

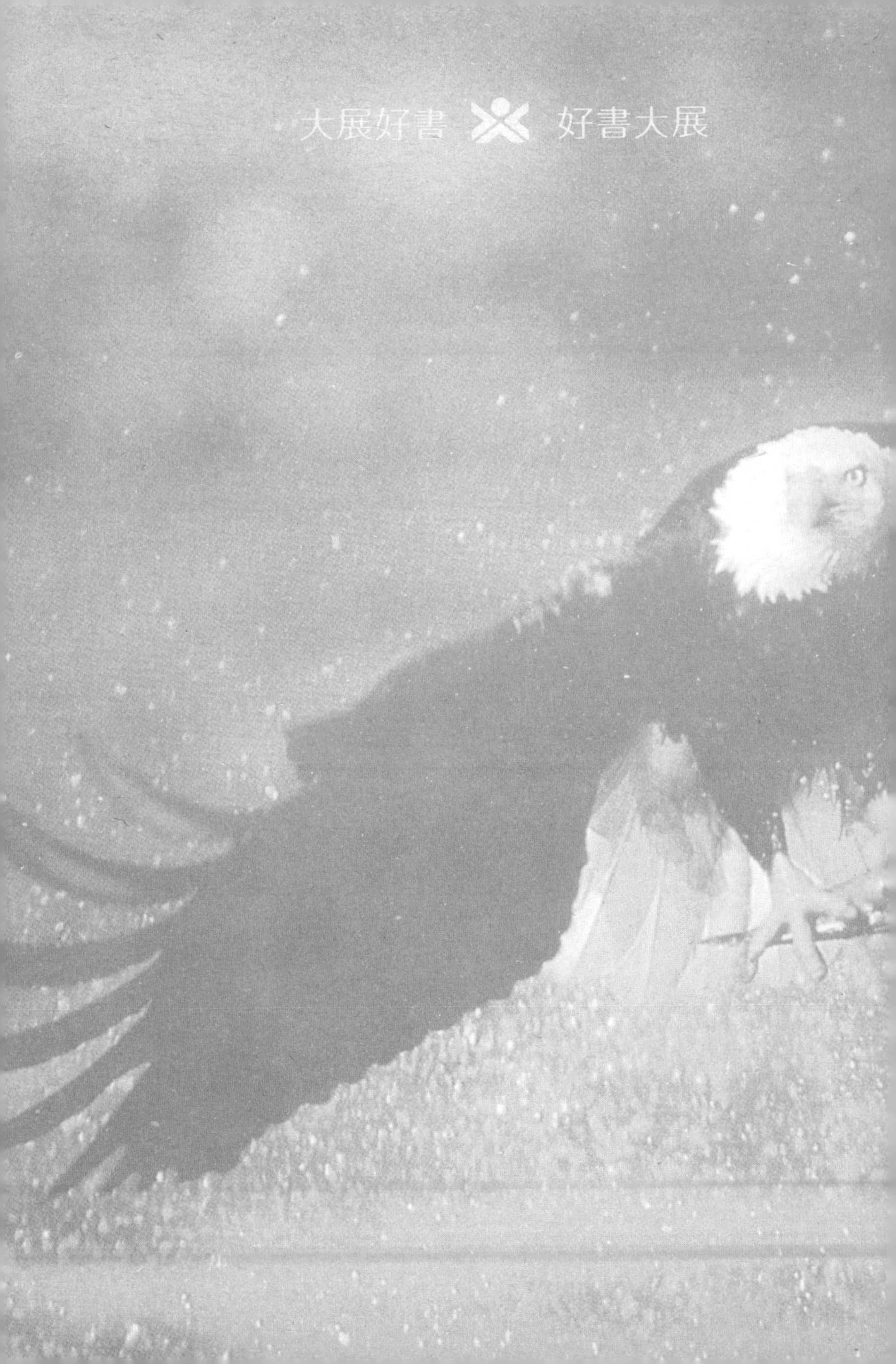
大展好書 好書大展

精選系列 7

2000年5月全世界毀滅

紫藤甲子男 著　　吳秋嬌 譯

大展出版社有限公司
DAH-JAAN PUBLISHING CO., LTD.

目錄

第三章 二十世紀末是真正的末日

第四章 末日大變動的實態

第五章 公元二〇〇〇年五月一切宣告結束

第六章　神國到來的時刻

第九章　末日為進化的必然趨勢

第一章

預言是必然的未來

全面核子戰爭能否避免？

出版界對於蘇聯解體，大致分爲兩種題材。一種是偵探小說，另一種則是預言解說書。偵探小說不暢銷還能理解，可是爲什麼連預言書也不暢銷呢？理由如下。

預言解說書的主題，不外是「這個世界的末日」。但，世界末日真的會到來嗎？美蘇對決的緊張態勢，最後可能會發展爲全面性核子戰爭，致使世界迎向末日……這是一般人的看法。但隨著蘇聯解體，美蘇戰爭已經不可能發生。

換言之，第三次世界大戰的可能性已經降低了。這，或許就是預言書銷路衰退的原因吧？那麼，危機真的已經遠離？末日真不會到來了嗎？不！我認爲當前的全面核戰，正是世界末日到來的原因。

針對這一連串的問題，本人認爲有重新檢討的必要，故而寫下本書。證諸眼前的事實，我認爲問題已經非常嚴重。那麼，有沒有能客觀地加以探討的方法呢？也就是能不能進行「邏輯真相的追究」？

這是屬於一般常識所謂的「審判」所管轄。近來的推理界，由於偵探小說式微，審判推理乃取而代之大受歡迎。爲什麼會大受歡迎呢？因爲，審判就是要極力排除主觀、追求邏輯的理性。採用這種方式來追究真實，是最適當的。

本書即借用此一型態，以「有關末日的公開審判」形式寫成。

讀者諸君不妨以陪審員自居，參與審理本案。畢竟這不是別人的事，而是我們自身的問題。直到讀完本書，才由你根據自己的判斷作成判決，看看「世界末日是否真的會到來」。

為什麼末日不會到來？

現在趕緊進入公審法庭開始審判吧！

〈審問〉「末日」真的會降臨這個世界嗎？

◎嫌犯——「末日」（世界的終結者）

——假設末日會降臨——

「真犯人」（造成末日的真正原因）爲何？

「犯行時間」爲何？（「末日」何時到來？）

◎被害人——「全體人類」（你認爲如何？）

以下是在法庭的實際審理過程。

首先，控方（本書）對當今世界的存續抱持「合理的懷疑」，對「嫌疑事實的相當性」也有所瞭解，並具有「立證責任」。本書將根據各證據資料的「邏輯整合性」來構成理論。至於「反對質詢」，則可以當作是相信世界會永久存續的辯方的抗告（形式完全相反）。檢方的最終目標，當然是掃除一切懷疑，作成「推定無罪」（末日不會到來）的判決。因爲，任誰也不希望作出「死刑」的判決。

現在就開始審判吧！按照「公開審判事實追究」的公審手續，必須要有以下的「起訴要件提示」。

〈各種證據的開示〉

(I)證據資料提示（有關末日之說有何證據？）

(II)證據的確證性（真的可信嗎？）

接著鑑定本次公審的特殊性。

(III)證據所具備之預知性的證明（爲什麼預言者能知道未來的事情？）

上述各項均需要立證。

首先從第一道手續(I)的末日證據調查開始。

(I)有關懷疑末日的立證證據提示（世界毀滅的預兆）

①物證（無）。

②供述證據（各預言書中的末日預言）。

③狀況證據（如環境破壞等全球性危機）。

④傳聞證據（如UFO來襲說、新興宗教教主對末日的「預告」）。

以下逐一加以檢證。

關於①，因爲「末日」尚未到來（物理的證據），故無法證明末日一定會來。至於②，則暫且不提。

有關③，是對近來備受矚目的「地球危機」的抗告。

具體地說就是：

●大氣污染
●臭氧層的擴大
●產業、核廢料增多
●酸雨的恒常化

●森林的急劇減少
●地球規模的沙漠化現象
●生態系遭破壞的危機
●有害農藥的放置

……等等，各種問題不斷增加，全都是令人不舒服的徵兆（關於這點，已於上一本著作中詳加介紹過，故在此僅列表供作參考，請參照次頁）。

不過，這些都只是立證末日的推論間接證明而已，即使擁有其來有自的補强證據，也不具有直接的證明力。例如，不管臭氧層如何擴大，人類也不會滅亡。是以想要靠③來證明因果關係的根本實證性，並不容易。

④則缺乏客觀的實證性。誠然，UFO的出現或教主們的宣告，會讓人覺得末日即將到來，但這終究只是未經證明的推論而已，並不具有令人深信不疑的正確性。此外，證人（報告者）的可信度也有問題。因爲證據評價的相當性並不高，基於主觀排除的立場，必須將其全部排除。

②是本書的「本命」。這裡所謂的「供述證據」，是指事件（末日）目擊者（預言者）的證言，也可視爲相當於報告書的「預言」。

（圖表１）地球危機的原因

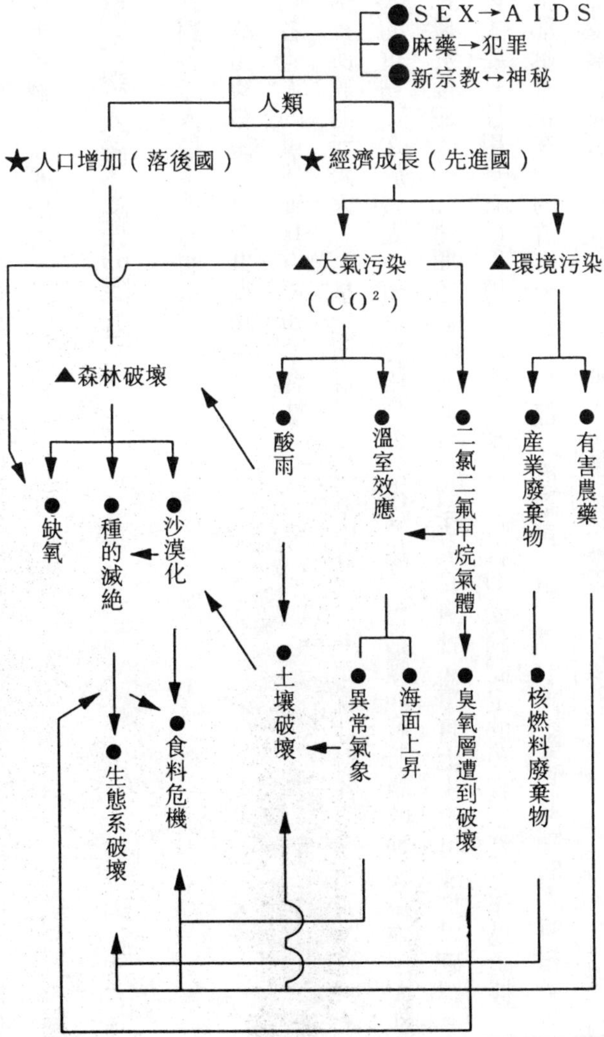
●SEX→AIDS
●麻藥→犯罪
●新宗教↔神秘
人類
★人口增加（落後國）
★經濟成長（先進國）
▲大氣污染
（CO^2）
▲環境污染
▲森林破壞
●酸雨
●溫室效應
●二氯二氟甲烷氣體
●產業廢棄物
●有害農藥
●缺氧
●種的滅絕
●沙漠化
●土壤破壞
●異常氣象
●海面上昇
●臭氧層遭到破壞
●核燃料廢棄物
●生態系破壞
●食料危機

（反方質詢）預言爲什麼具有「客觀的符合性」呢？

答案將留待下一項反方質詢時再爲各位回答。在此爲了證明預言的確證性，首先必須滿足以下各個成立要件。

(II)有關各證人確證性的陳述

Ⓐ對各證人信用性的開示

Ⓑ經由複數證人確認事實關係

Ⓒ各證人的供述應具有邏輯整合性

這裡所說的「證人」，是指預言者（預言內容）。下面就針對各項逐一加以說明。

Ⓐ的重點，在於證人（預言者）是否值得信賴。包括靈能者所說的神諭在內，大部分預言都屬於前記④的「傳聞證據」。此外，教主的真實性，事實上也不可能加以確認。是以本書主要是採用具有世界規模及悠久歷史、自古即受到認定的預言（者）作爲證據。如果包括耶穌基督在內的許多預言者，都揑造證言（預言），則受到欺騙的人將超過數百億。果真發生這種「欺瞞行爲」，那麼事情就很嚴重了。

Ⓑ的重點是藉由許多預言相互確認。現有的許多預言解說書，例如，諾斯特拉達姆

斯，只是舉自己的預言來做解說，即所謂的「單品」主義。這類書籍很難進行比較檢證，而且存在著作者本身的主觀性，因此欠缺客觀的確定力，無法進行抗辯。一般而言，證人愈多證據價值愈高。是以要儘可能用較多的預言作爲例證，一旦互相吻合，自然會使信用度大爲提升。

©是最重要的部分。也就是說，複數預言中如有「不相符合的證言」，則預言本身即具有「値得懷疑的根據」。反之，如果各預言的內容一致，即可斷定其爲「蓋然性以上的根據」。

實際審判時，只要各個證人的證言互相吻合，一樣能夠作出「判決」。但，如果是親朋好友或近親所作的證言，那就有問題了。關於這點，留待稍後再詳加解釋。

〈反方質詢〉在此之前，我想知道何以說「預言」「很準」呢?

針對這個問題，可用「預知可能性的證明」來說明。以往的證明方法是，只要預言者曾經「說中了以前發生的事」，則其對未來所作的預言準確性便相對地提高。但仔細想想，這前後並不具有任何邏輯的結合性。換言之，就算「說中了過去發生的事情」，也只能說是具有過去發生事物的符合性而已。至於對未來的預言，只不過是說者「我認爲」的個人看法而已，二者之間並無必然的因果關係。

那麼要如何證明呢？我的結論是，用科學的方法論根本無法加以證明，只能以提出自己預言的正當性來進行反證。

畢竟，這並非探討科學，而是探討物理世界的學問。預言者可能會說「這是來自神的訊息」，但是有些人並不相信世上有神存在。因爲，兩者存在的次元完全不同，所以用同次元手法加以立證，就如同用尺（平面→二次元計測器）測量體重（立體→三次元存在）一樣，「層面」可謂截然不同。

預言為什麽很準？

神（存在）爲什麼知道未來的事呢？我們只能因比方來說明。物理學認爲，人類所生存的世界，是（三次元空間＋一次元時間）→四次元時空。也就是說，這個世界的時間是一次元。將其單純化的說法，便是如同等速、不斷向前奔馳的新幹線一樣，朝一定的進行方向前進。而我們則是坐在車上的乘客。假設下了這班列車改搭東海道新幹線日光號通過熱海車站（目前的時間）。這時，東京即爲「過去」，再也不會回來。而名古屋則在「未來」，當然還沒有到來。

假設這時在名古屋地區發生大地震，名古屋車站整個塌陷。列車若是直奔而去，將會

（圖表２）預言的安排

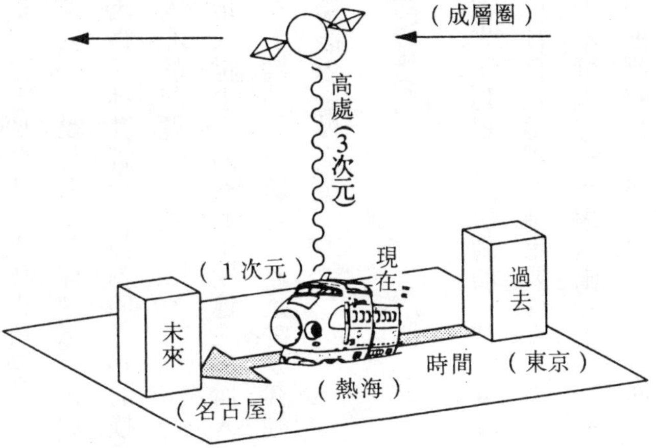

將人類世界下降到平面（二次元）來考慮時

發生重大事故。問題是，正通過熱海的我們，是否能預知此一事態呢？當然不能（列車上沒有電話）。不過，當名古屋（未來）事情發生時，有的人可能已經察覺到了。

請看上面的圖表二。

從空中的觀測衛星俯瞰下方，會是什麼情形呢？那就是能夠「同時」看到東京（過去）、熱海（現在）及名古屋（未來）。換言之，從一次元的立場來看，所謂的「時間」根本就不存在。而宇宙衛星（神）利用電波（類似心電感應），事先對搭乘新幹線的某位乘客（預言者）提出警告，說明名古屋（未來）的狀況，當然可以稱之為「來自神的訊息」。

〈反方質詢〉慢著！你所謂的「神」，究竟是什麼樣的存在呢？

這也是一個問題。現代人所謂的「神」，似乎太過於印象化、多樣化了。在街上問一〇〇個人「神是什麼？」你認爲會得到什麼樣的答案呢？恐怕有八〇%的人無法做出回答。因爲，神其實是一種不明真相的擴散存在。事實上，連宗教界人士也認爲，神其實就是「人心的問題」。

現今世上大約有五十四億人，而人心各有不同，因此應該就有五十四億個神。這麼一來，在討論神的問題時，還是需要客觀的「科學性」。可是能夠辦到嗎？只好試試看嘍！

那，應該怎麼做呢？……

什麼是神？

首先，列舉一般所謂的「神的屬性」。

〈神存在檢證的推定要件〉

①不可視存在（用肉眼看不到神）

②永遠的存在（神的年齡不會增長）

③超越的存在（神能看清一切）

④遍在的存在（神無所不在）

（在此也必須考慮到治療疾病或帶給人類利益的衆神。不過，祂們也是神……）

那麼，能夠完全滿足以上四個條件的，是何種存在者呢？我們以科學方式來進行檢證。雖說是科學，其實也不是什麼困難的學問，只要利用高中所學的物理程度的知識，就足夠了。下面就從①開始吧！

①指的當然並不只是用肉眼看不到的意思。而是指使用世上任何檢測器，都絕對無法探知的存在（因此，近來成爲熱門話題的「夸克」，當然也在物質的範疇內）。物理學的確是一門非常有趣的學問，例如有這種情形。

〈迷思〉某艘太空火箭速度不斷增加，當加速到接近光速（秒速三十萬公里）的速度時，會發生什麼情形呢？〈答〉從我們所在的世界來看，火箭會逐漸縮小。當到達光速的速度時，就看不到它了（不過請各位不要弄錯，這並不是因爲距離太遠的緣故）。

另一方面，根據愛因斯坦的定理：「這世上沒有比光速更快的存在。」但最近卻有人提出新的看法，認爲「愛因斯坦錯了！有比光速更快的東西存在」。對此，我認爲這些人根本就搞錯了。因爲，愛因斯坦並不是說「光速是不能超越的」。其定理有一條但書，那就是「在這世上」。反過來說，一旦「超越光速，就不屬於這個（四次元時空）世界了。」

那麼，到底是哪一種世界呢？理論上不在這個世界，而在更上位的次元世界。因此，在我們的世界裡，不管使用何種檢測方式，它都是「看不見的存在」。據此也可以說，（看不見的存在→神）就是「居住在上位次元者」——我們暫且將此當成假設程度。接著來討論下一個問題。

討論②時請回到先前的火箭問題。當速度接近光速時，會出現一種奇妙的情形。那就是（從地上看），火箭內的時間經過會漸漸變得緩慢。其有趣之處在於，火箭內的人（相對於地球上的人）年紀增長較慢。換言之，在經過漫長的太空旅行再回到地球時，原本身分是父親的太空旅行者，年紀反而比自己的子女更小（這就是物理學上所謂的「浦島效果」。浦島即各位所熟的蒲島太郎。基本上，物理學也是一門非常有趣的學問）。

〈迷思〉那麼，當火箭的速度到達光速時，又是什麼情形呢？〈答〉時間會停止。這是否表示在火箭內沒有時間呢？其實不然。這只是與地球上相對的時間關係而已。也就是說，即使地球上已經經過數千年，在火箭內也感覺不到一秒時光的流逝。如此一來，火箭裡的人對我們而言就是「永遠的存在」，因爲他們的年齡不會增長。而①中當火箭到達光速時，即意味著超越次元。所以，我說（永遠→神）就是上位次元的存在者。這時，前面的假設程度一，就升格爲假設程度二了。

談到這裡，相信下面有關③的敘述就比較容易瞭解了。在圖表二中，從一個上位次元就可以「同時」看到這個世界的過去、現在、未來。再者，在②的理論中，火箭內的人（以我們的觀點來看）的確具有永遠的時間（可能是如此）。是以這些人能夠「看清一切」，倒也沒什麼好奇怪的。我們將上位次元存在者稱爲「神」，並將其當作假設程度三。

④的重點在於我們的時間感覺。在物理學方面，愛因斯坦對時間有以下的敘述。「時間看起來好像是真實存在著，但是從物理學來看，時間除了是幻想以外，其它什麼也不是」。換言之，物理學認爲：「時間與空間原本是相同的，只是表現方式不同而已。」另一方面，關於上位次元，由①可知並沒有所謂的「空間」存在。由②來看，則「時間」等於零（可能是如此）。所以，在那兒的人能「同時」看到東京、名古屋、大阪，並不是什麼不可思議的事。因爲，時間於他們是零，自然各地移動的時間也是零。

此外，既然時間與空間（場所）相同，則東京、名古屋、大阪的「距離」也有零。是以從我們的世界來看，他們可同時存在於任何地方（遍在）。如此一來，我們不得不承認「神是上位次元存在者」這個作業假設，完全符合前述四項條件。

神也有種類之分

大本教的出口王仁三郎曾言：「神界與幽界超越時間空間，完全沒有時間觀念……由靈界來看，沒有時空、明暗、上下、大小、廣窄等的區別，全都一視同仁地映入靈眼中」（靈界物語）。另外，稍後將會談及的「日月神示」，也認爲所謂的「另一個世界」，是「時、所、位全都在想念之中。以想念方式表現出來。時間與空間都是映像，只是情態改變而已。」

我認爲，「神」這個字眼本身，所代表的意義就相當含混。所謂的神，指的應該是「上」。而這裡所謂的「上」，並非社會地位的「上」，也不是上空（天）的「上」，而是物理（四次元時空）世界的「肉眼看得到」的存在。故，我認爲以「上」次元存在來表示，是最適切的說法（最近宗教家之間經常任意使用「次元」這個字眼，殊不知這原本是物理學用語）。

具體而言，「上位次元」究竟是何種世界呢？詳細內容將在第六章再詳加介紹，簡單地說，上位次元就是俗稱的「另一個世界」。就拿「幽靈」來說吧！當然，幽靈是利用任何物理檢測裝置也無法掌握的（①肉眼看不到）。

例如，鎌倉時代武士亡靈的出現，其時間在鎌倉時代已告停止（②年齡不會增加）。另外，還有一些會告知失物所在位置的親切幽靈（③能夠看清一切）。至於戰死的士兵出現親人枕畔，或是同時出現在複數人前的小幽靈，則是在瞬間（無時間）進行的幻體移動（④超時空存在）。

由此可知，「另一個世界」就是指「上位次元世界」。不過，把死者視爲「神」，卻是一個值得商榷的問題。所謂上位次元，並不單指比這個世界更上一層的次元而已（上之上還有上）。

總之，「另一個世界」是界層重層構造的「縱軸世界」。耶穌也說：「我父親的家，住處有很多」（約翰福音14/2）。

這個「父親的家」，可以想成是全部的上位次元世界。換句話說，天國也有各種程度存在。

打個比方來說，把這個世界當成大廈的一樣，死者世界爲二～三樓、神則在更上面。唯一絕對的神，存在於屋頂上。這麼想的話，相信各位就很容易瞭解了。

那麼，上位次元世界究竟有何處呢？就在我們身處的地方。爲什麼我們看不到、摸不著呢？以ＡＭ、ＦＭ電波，甚至所有電波爲例，它們全都混雜在同一空間中，但卻不會相撞或通訊混雜，理由就在於波長不同。同理，也可將次元世界視爲振動率不同的世界，而人類所處的物理世界，是振動率最低的世界。

第二章　世界的大預言一致

神想說些什麼？

話題似乎扯遠了，現在請回到「預言」這個問題上。

〈審問〉首先請說明預言。

以往的著作，通常都會以大幅的篇幅介紹「預言者」的經歷。但，此一作業真的需要嗎？如果是介紹作家、畫家的作品，或許有這個必要。而預言卻是「來自神的信息」，又是經由預言者告訴世人罷了。

「我所說的話，是我的父（神）告訴我的，我原原本本地告訴各位。」（約翰福音12／50）

「所謂預言，在任何情況下都不是由人類的意志所造成，而是由神所引導的精靈告訴人類。」（給彼得的第二封信1／21）

另外，在約翰的啓示錄中，也有以下的記載。

「神爲了對即將發生的事給與人類啓示，乃告訴基督，再由基督派遣使者們來告訴我約翰。」（1／1）

甚至連傳達管道神→基督→使者→約翰，都說得清清楚楚。日後，諾斯特拉達姆斯對於預言的構造，也作了以下的叙述。

「預言者實際上就是能看清人類所具知識以外事物的人。」

至此想必各位都已瞭解，事實上預言者本身也這麼認爲，預言者其實就是「神的傳訊者」。關於這點，日本方面的預言者也有相同的看法。

「不管發生什麼事情，都不是人心所能預測的。」（天理教神諭8／8）

「神爲主、人類爲從。」（日月神示764）

在這種情況下，還要將重點置於預言者（人類）身上嗎？既然一切全都來自於以神（上）爲主角的情報源，預言者也只不過是放送電波的受信機而已。這就好像比你熟知「SONY電視映像管的製造過程」，卻無法因而得知棒球比賽的結果。也就是說，大家都是在放送局（神）的管轄之下。因此，預言書籍既非宗教書，也不是學術書，根本不必對預言者（人類）加以介紹或解說。

預言比較考證學系列

有關末日的預言，許多可信度較高的説法，大多早已存在。本書從中的收集具有歷史保證的預言，爲各位稍作介紹。

〈舊約聖經〉——猶太教、基督教、回教的共通經典，信徒總數超過全世界人口的一半，可說是影響力最强的書籍。在全部三十九書中，有十七書是記載有關末日的預言（甚至有人認爲三十九書全都是預言書）。其內容全都是西洋系統預言的管道，諾斯特拉達姆斯受其影響極深。

〈新約聖經〉——談到末日預言，以卷末的『約翰啓示錄』最爲著名。不過，國人多半不知，書中的主角耶穌，才是真正的末日預言者。透過本書，耶穌預言了許多重要事項，稍後再爲各位介紹。

〈可蘭經〉——這是透過穆罕默德告訴信徒的回教最高經典，也是非常重要的末日預言書，其中又以有關「最後審判」的敘述最多且最有名。儘管它是國人最不熟悉的聖典，但即使是現今最熱門的宗教，也不敢忽視其末日預言。

〈諾斯特拉達姆斯〉——關於此人，或許最近各位已經非常熟悉了。購買其著作的人，想必也看過了好幾本解說書（在此不談其履歷，有興趣者可參考其它書籍）。他以『諸世紀』爲題的預言書共十章，九百六十八篇，爲四行詩的形式。書中最麻煩之處，在於語句難解，而且排列並未按照時代順序，看起來非常零亂，到底這些詩是哪個時代的作品，都不得而知。關於這點，將在第四章加以整理，並按照時間順序排列供各位作爲參考。

〈法提瑪的聖母預言〉——一九一七年，聖母瑪莉亞降臨葡萄牙一貧窮村落法提瑪，透過三名當地少女作出有關世界末日的啓示。這件事情，已經由匈牙利正式予以承認，可視之爲經九億天主教徒證明的末日預言。更可怕的是，此一預言目前仍然透過世界各地的管道傳播著。

〈艾德加・凱西〉——此人也相當有名。數年前他提出「一九九八年之前，日本列島會沒入海中」的預言，在日本掀起軒然大波。由於身爲虔誠的基督徒，他的預言經常和聖經交錯。其內容將在本書的後半部登場，希望各位多加注意。

〈保羅・索羅門〉——在前著中曾提及他對我照顧有加，是被稱爲凱西預言接棒人的預言者。與其它預言相比，有關「神國」的敘述較具真實性，故其情報源的格調較高。

以上是世界級的傳訊者，可信度較高。此外，因爲預言是來自「神」（上位次元存在者）的情報，既然情報來自同一次元，除了由情報同志進行比較檢證之外別無他法。這，也可以稱爲預言相互比較文獻考證學的考察。

神的話語有無矛盾之處？

〈神定質詢〉之前你說預言是「來自神的訊息」，這些神是什麼樣的神呢？

這正是問題所在。以上所介紹的各預言（者），是以西洋系統爲主，如要追究其根源，則大多相當於舊約聖經預言。舊約聖經是猶太教的最高經典，而猶太教唯一的真神就是「耶和華」。

「我是神、我是主、唯一的神、唯一的主、只有我是神、只有我是主」（摩西十誡第一誡）

由此可知，西洋系統預言的最終情報源爲「耶和華」，亦即耶和華放送局爲關鍵局。

看過左圖的系譜圖（圖表三）後，各位想必就能瞭解了。

（圖表3）

西洋系統最高神系譜圖

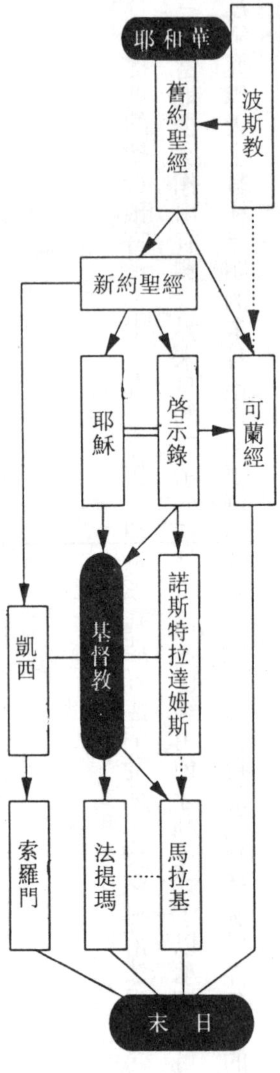

〈反方質詢〉這個圖其實就是所謂的「近親（親戚）證言」，如何具有符合各預言的可能性呢？

不可否認地，這是「適切不合理的懷疑」。那麼，該怎麼辦才好呢？最好的方法，就是找出與右預言系列完全不同者逐一加以檢證。那麼，有沒有符合的預言呢？有，而且就在日本！那是什麼樣的預言呢？在介紹之前，首先提出以下的證據資料。

大本教・大本神諭——

「天理、金光、黑住、妙靈先行，停止處艮金神出現，重建世界」（初發的神諭）

這理所列舉的各個宗教（按時代順序排列），如「黑住教、天理教、金光教、妙靈教會」，都是在第一次新宗教風潮中誕生的教團。文中提及以上各教「先行」，用長距離賽跑來比喻，則右述各宗教都是跑在先行區間的跑者，自己（大本教神）則是接棒者。這時，跑在各區的選手雖然是不同的人，但馬拉松賽跑代表隊本身卻是相同的。換言之，「黑住→天理→金光→妙靈→大本」原本應該是屬於同一團體，亦即地下水脈應當是由同樣的神所掌握……當然，這只是大膽的假設。

現在就來檢證此一假設。時代愈接近，各教祖所留下的資料和文件就愈多（正如先前所言，本書並非宗教書籍，故有關教團或教祖的解說等，請參考其它書籍）。

本書所關心的，是各教團對於「神的歷史的調查」。另外，右邊的系譜全都是神道系統，只有（妙靈教會）是屬於摻雜宗教色彩的法華神道系統，故在此省略不提。

日本的神是什麽？

會令人忍不住想起「末日預言」的，有天理教及大本教（大本神諭）二教，再加上後面介紹的（日月神示），即爲日本的「三大預言」。事實上，它們不但能與西洋系統各預言互相比較，且有凌駕之勢。另一方面，日本的預言有關末日的悲慘內容較少，而將重點置於末日以後的「未來日子」，我想這應該是日本人頗爲自豪的一點吧？有關詳細情形，將在下面陸續加以介紹，首先從發表預言的衆神的「神上調查」開始。

〈黑住教〉——開山祖・黑住宗忠，一七八〇年創教。

同教的主神爲「天照大神」，與記紀敘述的神爲同一神，但性格迥異。勉强地説，是屬於稱爲太陽神、宇宙神的汎神論神格。在教祖的歌集和信件中，經常會提到「日月」二字。

請各位牢牢記住這一點。

〈天理教〉——開山祖・中山三木・一八三八年創教。

同教的主神爲「天理王命」。原先並非採用這個神名，而是「轉輪聖王」這個佛教（淨土宗）系統的神。在申請創設教團時，爲了獲得神道系宗派的認同，乃改用同音的「天理王」。天理教有二大聖典，其中之一的神諭書籍，是告知「這個世界的末日↓末日後」的大預言書（目前還未出現公開發表此一說法的書籍）。

當前的重點是，這些預言是「來自哪一位神的訊息」。在「神諭」當中，曾多次出現月日神的名稱。

「月日」神原本應該稱爲「日月」神。那是因爲，根據天理教的教理，對於月、日的地位有以下的看法。

◎月↓天・陽命

◎日↓地・陰命

想必各位都注意到了，日與月的陰陽是顛倒的。這究竟是怎麼回事呢？基本上，天理教將（神諭）當成「虛」來接受。也就是說，他們認爲，在天理教會發生的事情，會以擴大的形態發生在整個世界（這個想法與大本教互通）。請各位想像一下映在河口湖的富士山。它和真正的富士山一模一樣，但實際上卻有實與虛的差別。另外，天地也是完全相反。「神諭」也包括「虛」的意義在內，因而故意將「日月」說成「月日」。被稱爲「實神、元神、月日親神」的月日神，是範圍廣大的神，可說是日本預言團體主力明星。

〈金光教〉——開山祖・川手文次郎、一八五九年創教。

「日天子・月天子爲總身命、金乃神爲神力明賀神、金光大神爲人力威命」。

該教主神即俗稱的「艮金神」，是最初在「大本神諭」中出現的神。右列書簡中的「日、月、金（乃）神」，也提到了「日、月」二字。後來，從金光教的綾部分部（金明靈學會），發展出大本教。

〈大本教〉——開山祖・出口尚、一八九二年創教。

神最早降臨開山祖身上，開始自動書記是在一八九二年。這就是「大本神諭」的起源，直到後來才漸漸察覺，這是非常嚴重的「末日預言」。在此先以大本神諭來調查一下神的歷史。

▽「停止處、神靈活機臨臨發揮、成爲日月出現、停止三千世界」▽「日大神、月大神、天照皇大神、御三體降臨大地、從旁協助。艮金神、國常立命，巡迴天地構成世界一切」▽「大國常立尊出現於表，成爲日出的守護」▽「誠世救主爲瑞靈，素盞鳴尊」

衆神利用地下水脈相連

詳細的字句描述在此省略不提，只列舉這裡所出現的衆神（日月神、國常立命、艮金神、素盞鳴尊）。此外，在其它部分也出現「金輪聖王治世」一詞，金輪聖王與前面所介紹的「轉輪聖王」，為同格的神。由此可見，（黑住、天理、金光、大本）各教，都是以同樣的神為共同基礎，而且這些神都非常著名（素盞鳴尊除外）。實際調查衆神的神格「神的性格」時，發現其與西洋系統預言的根本．耶和華神的神格非常類似。所以，只要瞭解真正的神格，就能知道神何以會成為末日預言的情報源。

現在稱為神道系的新宗教，大部分都與大本教的系譜相連，而實際透過教祖告知的「末日→末日後」預言並不少。這個事實，令人不禁讚嘆神群結構的偉大。

大本教神藉同教幹部岡本天明之手，自一九四四年開始自動書記（日月神示）。關於神示，坊間已經出現許多解說書，知道的人想必不少。其情報源（衆神）與大本神諭完全相同，甚至連口述的事實也一模一樣（重複的預言內容很多）。因為時代相近，故可視為日本預言的正宗接棒人。其優點是記述詳盡，觀點極高，足以和全體西洋預言相匹敵。這些預言既已到了日本人手中，豈能等閒視之？

爲了便於掌握，特地將各教團的衆神製成圖表四（打○記號者爲有預言書的教團）。各位只要一看就能知道，各教的地下水脈，其實是由同一神所控制。

〈反方質詢〉那麼，爲什麼會有一連串的預言呢？

加以立證的資料出現在「日月神示」中。

「自百年前開始的清掃、洗滌，全都是爲了今日。」此爲一九六二年的神示。

仔細想想，這似乎是非常奇怪的發言。爲什麼呢？因爲，日月神示始於一九四四年，距右列神示僅僅七年而已。但神示中卻又提及「自百年前開始」，在數字上似乎不太符合。不過，如果追溯到（天理教、神

（圖表四）各數團的衆神（打○者為有預言書的教團）

	黒住教	天照大神 日月神			
○	天理教	月日神	天理王 （轉輪聖王）	國常立命	
	金光教	日・月・神	艮金神		
○	大本教	日月神	艮金神 （金輪聖王）	國常立命	素盞鳴命
○	日月神示	日月神	艮金神	國常立命	素盞鳴命

諭，始於一八六八年），則的確已有百年歷史。也就是說，如果把二者視爲同樣的神，則先前的發言不單不足爲奇，甚至還可以說是非常周延。

另一個說法如下：

「國之日月大神，黑住殿、天理殿、金光殿、大本殿，全都要祭祀」（417）

如果不同系統，爲什麼連其它宗教的神也要「祭祀」呢？況且，根本沒有道理要「祭祀」所有的神嘛！像在第一次宗教風潮中誕生的神道大教、大社教、扶桑教等，即不在其中。由圖表四即可看出，右述各教的神乃屬於同一神系，亦即「黑住教、天理教、金光教、大本教」都是同樣的神，所以當然全都要祭祀。

當然，宗教教團的性格並不完全相同。如果把日月神比喻爲隅田川，則各教團便是架在河川上的橋梁。橋本身各自獨立，然而流經其下的河川卻是同一條。日月神顯現的理由，絕對不像以往那樣以宗教活動爲真正目的，這點由神作的自述即可看出。

〈天理教〉——「即使膜拜祈禱，也無法獲得救助」。換言之，神的「救助」，並非經由信仰的「膜拜」、利益的「祈禱」或占卜運勢的「請教詢問」而來。而其它方面也是同樣的情形。

〈大本教〉——「此大本爲醫生或按摩所無法模仿者　大本的經綸無法治病」（大本

神諭）

〈日月神示〉——「這個神不是會因信徒聚集而喜悅的神　世界人民　全都是信徒」（49）。「此道非宗教　不會成立教會」（43）。

東西各神作出相同的預言

那麼真正的目的是什麼呢？第一是展現「事先通知在世界上即將發生事情」的作用（大本神諭），這個神即爲「預言神」。至於第二個目的，其實才是最重要的，稍後各位自然就會瞭解。總之，在我國留下許多與西洋系統完全不同的重要預言。

將東西二者加以比較，若其內容完全吻合，則預言的可信度便相當高。

〈反方質詢〉慢著！日本教祖很可能以前就讀過舊約聖經，於是以其潛在意識進行自動書記。

不可否認的，這是一個相當「合理懷疑」。下面，我們就逐一加以檢證吧！

〈天理教〉——在一八七三年正式廢除禁制令之前，日本一向禁止基督教，自然也不允許人民閱讀聖經。而「神諭」則早在四年前，也就是一八六九年，就已經正式開始了。另外，日本首次將新、舊聖經翻譯（以完全的形式）成日文，是在一八八八年。至於「神

諭」，則早在六年前，亦即一八八二年就已經結束。因此，這些日本教主們不可能讀過聖經。（放棄反論）

〈大本教〉——最早的神諭出現在一八九二年，與右列聖經發行的時間吻合。但大本教教主不可能讀過聖經，因爲他是個文盲（儘管如此，他卻以漂亮的文字，利用平假名寫下神諭。這件事本身應該就是一種奇蹟吧）。（放棄反論）

〈日月神宗〉——既畫家、又是新聞記者，屬於知識分子的本教教主，總可能看過聖經了吧？但這也是不可能的事情（只要看看原來的照片、解說書等便可瞭解）。神示有數字、有記號，也可以說是一種暗號，別說其它人看不懂，甚至連寫下日月神示的天明本人，也未必完全瞭解。這，當然不算是一種潛在意識（現在我們閱讀的日月神示，是由天明身邊的人費盡心力解讀而成的）。（放棄反論）

神早知道人類疑心頗重，所以事前就佈好了防線，由此可見其細心、周到。另外，還有證據顯示，日月神系預言與西方預言毫無關係，雙方內容只是湊巧相合罷了。下面就以此爲前提來閱讀一番吧！

前面的引言似乎稍嫌冗長（但我認爲有其必要），還是趕緊回到本題「末日審判」上吧！首先，由東西方預言各推派一名預言者代表出庭，陳述其最重要的主張（預言）。首先由西洋系統預言代表耶穌基督的發言。

〈耶穌的開頭陳述〉

(I)「神國接近了。你們要悔改、信福音」

這番話是耶穌最初的信息，也是最重要的預言。

——但爲什麼說這是預言呢？這不是單純地說明『人命很短，要悔改信神』的說教文句嗎？——的確，日本教會經常採用這種說法。然而，事實果真如此嗎？句中的「神國」又是什麼意思呢？這正是問題所在。日本的基督徒中，接受「天國（另一個世界）」這種說法的人屬於多數派。事實上，右列的敘述與(II)的「祈禱話語」成對。

(II)「天國即將降臨。心可通天、可入地」

如果「神國」（御國）是天國（另一個世界），那麼衆人所祈禱的，應該是「到天國去」而非「天國降臨」才對。但耶穌卻說天國正朝這兒來，這不是很奇怪嗎？再者，想到天國去的人，難道需要祈禱「心也能到另一個世界去」嗎？爲什麼呢？因爲一旦到了天國，和這個世界就没有任何關係了——請仔細傾聽信徒們祈禱的話語：『這個世界是如神國般美好的世界』——西歐教會是以這個說法爲主流。而這個說法也有其奇怪之處。現在請再回過頭看看(I)。

「神國接近了」，這是肯定的語氣。那麼，「神國」是從哪一條路前來的呢？為什麼人類一定要「悔改」才行呢？——如果不悔改的話，「神國」是否就不會到來了呢？——果真如此，(I)應該改為「你們要悔改，否則神國不會接近」才對。

「神國」在日本預言中是指「新世」

那麼，真正的意思究竟是什麼呢？

是這樣的。如果將(I)按照字面來解釋，意思就是「這個地上世界將會有成為『神國』的時代到來」。由第一章中我們知道，「神」指的是「上位次元存在者」。因此，我們必須接受的說法是：「不久之後，這個（物理的）地上世界，將會飛翔到達上位次元世界」。換言之，「這個世界會化為另一個世界」——這怎麼可能？

——既然如此，不妨聽聽東方預言代表的說法吧！以下是大本神諭的第一訊息，也是日月神系預言當中最重要的話語。

〈大本神諭的開頭陳述〉

(I)「在三千世界一度綻放的梅花，成為艮金神之世。以梅開闢、以松治理，成為神國之世」（初發的神諭）

(II)「神出現於表、重建三千世界。請準備好。這個世界會成爲全然新世」（同右）

頻頻出現日月預言系統獨特的用語，或許會令各位覺得愈來愈難理解。在此，首先將精神世界的神學，以簡單明瞭的圖表化（圖表五）方式來說明。請看左端。最下方的「顯界」，就是我們所居住的物理世界（亦即「這個世界」）。其上是「肉眼看不到的世界→那個世界」。下方的「幽界」，是下層的那個世界，而上方的「神界」，則是高級的那個世界。神界又分爲「真神界」與「靈界」。佛教將「顯、幽、神」界稱爲「三界」，各界均爲多重階層構造，故爲「三千世界」（千是指很多的意思）。所以，「三千世界中的一個，成爲你的世界」

（圖表五）三界的多重構造語

（三千世界）

三界	大本	靈學	神智學	佛教	四大
神界（神界）		神	克札爾界	佛界（真我）	風
神界（靈界）	松	靈	心靈界	無色界（無因身）	火
幽界	竹	魂	亞斯特拉爾界	色界（微細身）	水
顯界	梅	體	（乙太界）物質界	慾界（粗大身）	土

（日月神宗6——2）。

日本的神用「松竹梅」來代表三界，一如右列所示。故「梅盛開、松治理的神國之世出現」，指的是「從這個物理世界開始，成爲衆神（上位次元者）所支配的神國時代」（而且所使用的並非動詞的過去式，而是肯定型。用法與耶穌預言相同）。

是以前述的耶穌預言「神國到來」，可用日本預言加以立證。

⑾所說的「重建」，是日月神系預言的主要關鍵，也是出現最多的字眼。天理教則使用同樣的建築用語「普請」。「今後會出現世界普請。請大家祝賀吧！」在「重建」「普請」之前，當然要先破壞現有的建築（現今世界），這就相當於「末日來臨」。其後又言「這個世界會成爲全然新世」，「新世」並非將原有建築加以「改建」，而是「重新建築」。

這個新建的世界，即預言者們所謂的「神國」。簡單地說，爲了建造新的豪華大廈（高次元世界），必須破壞現在殘舊不堪的建築（物理世界）。這，就是「神的計劃」。

第三章

二十世紀末是真正的末日

發生變革的不只是這個世界而已

〈審問〉神國具體地說是什麼樣的世界呢？請加以說明。

關於這一點，將留待第七章再爲各位詳加說明。

——總之，不可能像統一人類般那麼簡單就出現一個世界政府……因爲，這次的重建，是針對「三千世界」，亦即「顯、幽、神」三界全部要「重建」的大普請工作。

「不只是人類世界，神界、靈界也要一併推翻」（日月神示338）、「天地顛覆的大重建」（日月神示367）

「不論前後，末代未曾出現的靈魂界與現象界的大改革」（大本神諭）

〈天理教〉也說：「元神、實神爲了幫助三千世界乃從天而降」。這兒所進行的「普請」，也是針對「三千世界」。

如果只是這個世界的「大改革」，可以想成是人類統一或世界政府出現（通常不太可能）。如果還進行「靈魂界」的改革，則是一項龐大的工程——所謂連那個世界也要重建，具體而言是什麼情形呢？——我當然無法得知。唯一可以確定的是，一定會發生非常嚴重的事態——但是，這事真的會發生嗎？——人類既無法進行那個世界的「重建」，自然也就無從得知。我們回想一下先前在(II)中提到的「神出現於表」。要言之，這是以上位次元者爲主體所進行的大改革。換句話說，神（上位次元者）並非未來所發生事物的觀察者，而是改變未來的當事者。這不僅符合預言，而且對衆神而言，是自己（次元）世界的問題。

總之，這次「重建、普請」，還輪不到人類出頭。

基本上，這個世界的末日，並非單純由政治陰謀或世界規模的核子戰爭所造成。「並非由戰爭或天災所造成的那麼簡單。」（日月神示２４８）

〈審問〉我還是無法瞭解，請詳加說明。

如果你說瞭解，那才真的奇怪呢！因爲，這次「重建」，是由預言者們告訴各位的。

「即使對人類詳加說明，他們也不會相信。」（聖經　使徒行傳13／14）

「經由理性的知性所創造的理解本身，並不適合『隱藏的秘密』。」

「既是無法判斷的構造，又何必苦苦思索呢？況且，神所做的事如何能判斷呢？」（日月神示３４４）

「人民無法瞭解未來發生的事情，乃是無可厚非之事」（大本神諭）

〈審問〉但是，難道没有任何相關判例（過去所發生事件的類似案例）的資料嗎？

關於這個問題，如果真的有的話，反而奇怪。因爲，預言者告訴我們：

「這次進行的，是以往未曾出現、未經文章記載或口傳的改造……」（日月神示109）

「沒有任何話語、文字、書籍可以追查蛛絲馬跡……」（大本神諭）

「萬代世界從未發生的事、也未曾聽說過，當然不知道。」（初發的神諭）

「眼睛不曾看過、耳朵不曾聽過、不曾浮現人心的事，由神爲愛自己的人所準備。」（給科林斯的信Ⅰ2／9）

「以往不曾發生、昨天不曾看過、以前不曾聽過的事。我雖知道，卻不曾告訴過你們。」（以賽亞書48／6）

也就是說，沒有任何過去歷史可供參考。而且，包括耶穌在內，許多預言對於這件事都表示是「從神創造萬物到現在、今後也不會有的災難。」換句話說，在整個地球史上，這是絕無僅有的一次。「因此，最後終究到來。」（馬太傳24／14）

〈反方質詢〉現在我們總有點瞭解了。不過，這件事也可能在一〇〇年後、甚或一〇〇〇年後才發生啊！

如果真是一〇〇年後的事，不，即使是五十年後便發生，我也就不必擔心了。這個問題，就留給孫輩們去傷腦筋好了。但當前最重要的問題是，這件事會不會在我們的時代發生呢？這是切身問題，相信每個人都很想知道答案，但是光靠思考並不能找出結論。因此，接下來必須對「末日何時到來」的所有預言進行檢證及分析。

「請注意！一切事情都會來到你身邊。」（馬可傳13／23）

「現在正是審判這個世界的時候。」（約翰福音12／31）

世界預言的變動期集中於二十世紀末

公開審判即將進入高潮。末日審判的最重要案件——〈審問〉犯行時間（末日到來）是在何時？

首先從年代設定開始。檢證工作始於世界三大宗教的教典。因爲，如果連三大宗教也不信，那麼世界上的大半人口，都不知道該相信什麼了。

佛教——

『金剛教典』作了以下的預告：「這個世界在二五〇〇年左右，大法輪會旋轉一次，當下一次法輪旋轉時，人類便進入全新意識的水準。」

『月藏經』將二五〇〇年分爲五期、①解脱堅固期、②禪定堅固期、③多聞堅固期、④造寺堅固期、⑤鬥爭堅固期，其中第⑤期又稱爲「五濁惡世」的「末法時代」。到了末法期的最後時期，天上「有日、月、五星入宿、出現白紅或黑二虹，妖星、彗星、遊星齊現於大空」。而在地上則是「當大空中發出巨大聲響時，大地也隨之動搖、一如水車般」，接著便形成「妖星落地、世界燃燒殆盡」的現象（關於這個不可思議的天地變異，到了本章最後各位自然就會瞭解，在此請先記住）。

那麼，最後的（二五〇〇年）大法輪何時開始轉動呢？……站在佛教的觀點，當然是以釋尊誕生在這個世界的時點作爲開始。那麼，釋尊誕生於何時呢？關於這點一直衆說紛云（從BC五六〇年頃到BC四八〇年頃），甚至連學會也沒有定論。不過我相信，BC五世紀誕生是絕對沒錯的。由（二五〇〇→BC五〇〇年前後+AD二〇〇〇年）來推算，從本世紀末到下一世紀初期，正好符合這個時間。至於接著而來的具有「全新意識的人類」，又是什麼呢？這與前記耶穌預言的「神國」有關。

二五〇〇年時轉動「大法輪」的神，就是（轉輪聖王→天理王命）。的確，再也沒有比祂更適合成爲末日情報源的神了。

接著來看基督教。聖經中記載的末日是在什麼時候呢？

基督教——

『艾茲拉第Ⅱ書』中有以下的話語出現。

「世界已經不再年輕，正逐漸接近老年期。這個世界分爲十二時期，現在已經過了第九及第十期的前半。剩下的只有第十期後半及另外二個時期。」（14／16）

這段的重點在於，現代人類所剩的時期只有「二期半」。那麼，「一期」究竟有幾年呢？既然預言是來自神的訊息，當然答案也必須根據「神的時間」來考慮。聖經中經常提及：「神的一天，相當於世間千年」。是以聖經神學通常認爲「一期→千年」（這個例子稍後還會出現幾次，請各位記住）。根據這個結論，二期半就等於二五〇〇年。那麼，計算時間又是始於何時呢？當然是由下達預言的艾茲拉的時代開始算起。根據舊約全書記載，艾茲拉於BC四五八年擔任猶太教祭司。假設他當時爲四十二歲，則其出生年爲BC五〇〇年……按照（二五〇〇→BC五〇〇年＋AD二〇〇〇年）的推算結果，最後期限也是在AD二〇〇〇年左右。

同書中還有另一個旁證預言。「人的開始爲手、人的結束爲腳。艾茲拉啊！手和腳之間什麼也不要求」（6／8）。

這番話可解釋成：現人類期的開始爲「手」、末日爲「腳」，在這期間「什麼也不要期待」。不具有占星術知識的人，對這番叙述想必會有丈二金剛之感。

占星術將人體各部位比喻爲三星座，在此僅就重要部位加以說明，例如（手→雙子座）（腳→雙魚座）。如以時代區分來看星座，一星座期移行大約需要二千年。而現星座期就相當於「人的結束」，也就是腳的雙魚座期（占星術也認爲開始爲牡羊座、最後爲雙魚座）。根據定論，雙魚座期的開始就是耶穌誕生的時刻。而現代人類的最後期限，就是從ＡＤ一年開始（一星座的經過時間）到二千年後的現雙魚座期完全終了的時候；正確地說，時間就在本世紀末到下一世紀初之間。另外，同書中也記載：「這個世界並非到達終點。神的榮光，不會僅止於這個世界」。而日本預言書（大本神諭）中也曾提及：「世界無法永久持續到萬古末代」。這意味著：「現在的物理世界，是有使用期限的存在」。在稍後出現的可蘭經中，也有相同的叙述。

聖經中有關末日期的計算

在正典中，有沒有表示「末日時期」的預言呢？有，而且就在全聖經中最有名的「創世記」裡。各位想必都聽過「天地創造」的說法，甚至在電影裡也看過類似描述。用比較單純的方式來說，就是①神在六天內創造了這個世界。②神允許人類支配這個世界。③最後一天是神自己定的休假日（總共爲七天。這就是一週七天，「星期日爲休假日」的根據）。那麼，這與「末日」有所關連呢？前面那段話的重點，是①和②→人類可以自由支配地上世界（自然界）的時間只有六天、③接下來的一天是「神的世界」……的意思。這時的「一日」，當然是指神的世界。如此一來，（如先前所叙述的）我們的時間帶相當於一千年。因此，①&②的六月→六○○○年，③的一日→一○○○年，這一千年間就相當於（千年王國→神國）。

換言之，①&②的六○○○年，是現代人類所擁有的時間。「神在六○○○年内完成了這個世界，當基督降臨時，即爲惡者時代的結束。」這就表示，在六○○○年的最後，惡者（現代文明）的時代會結束。

那麼，這六○○○年從什麼時候開始呢？從聖經的觀點來看，當然是始於「亞當」。根據（舊約）聖經的編載非常嚴謹，把自亞當以下的歷代年譜，都清楚地記載下來了。根據愛爾蘭大主教烏塞留司（一五八六／一六五六）的推算，亞當期（ＢＣ四○○四年）即爲開始期。以上的時代觀，成爲中世紀基督教神學的基礎。爲了讓各位容易瞭解，特地整理成如圖表六所示。這個圖表的另一作用，是有助於解讀稍後將要介紹的諾斯特拉達姆斯的預言（當然，如果純粹從歷史學或考古學的觀點來批判，則毫無意義。這只不過是聖經的觀念哲學，是屬於神次元形而上學的「數字」）。

所謂的六○○○年，是指ＢＣ四○○四年＋ＡＤ一九九六年。我們現在都使用西曆年

（圖表六）聖經的歷代年譜

主星	大周期	期間（年）	時代		星座
土星	一千年期	BC 4000～BC 3001	亞當期	（人的時代）	金牛座
金星	二千年期	BC 3000～BC 2001			
木星	三千年期	BC 2000～BC 1001	亞伯拉罕期		牡羊座
水星	四千年期	BC 1000～BC→AD			
火星	五千年期	AD 0～AD 999	耶穌期		雙魚座
月★	六千年期	AD 1000～AD 1999			
太陽	七千年期	AD 2000～AD 2999	千年王國	神與人	水瓶座
土星（★現在）	八千年期	AD 3000～AD 3999	新天地	神	

號，故將耶穌誕生年定爲ＡＤ一年，但近年已知這是一大錯誤。事實上，耶穌誕生的時間，是在ＢＣ四年（※另一說爲ＢＣ六年）。總之，正確的ＡＤ應該再加上四年，故六〇〇〇年→（ＢＣ四〇〇四年＋ＡＤ一九九六年＋四年），時間上非常符合，也就是二〇〇〇年左右。由以上敘述可知，不論是佛教或基督教，都認爲這個世界的末日，就在本世紀末前後。那麼，三大宗教之一的回教，又是什麼看法呢？

〈可蘭經〉——關於末日的預言，占有極大的比重。尤其是有關「最後審判」的敘述極多。「我對你們提出的警告一定會發生，審判的日子終必到來」（51章）、「神會按照約定去做，最後的時刻一定會到來」（41章）、「創造天地間一切的作業，絕非草率而成，會有清楚的決定期限」（46章）。換言之，這個世界是有「保存期限」的存在。

末日所發生的天地變異為何？

那麼，最後期限何時會到來呢？這一天，「日月無光，太陽與月合而爲一，人類無路可逃、也無處可藏，只能到主人的身邊去。」（75章）很明顯地，末日即意味著「審判的時刻」。從字面來看，「太陽與月合而爲一」，即所謂的「日蝕」。關於日蝕，諾斯特拉達姆斯在（給亨利Ⅱ世的信）中，曾提到「末日」就是「自天地創造以來，未曾有過的陰暗日蝕發生的時候」。事實上，天文學家也預測一九九九年七月二十九日會出現月蝕、八月十日會出現日蝕。日蝕並非罕見的天體現象，但是根據可蘭經的說法，在同一時期會出現下述「天的異變」。

「擁有星座的天，在約定之日到來時……先前警告你們的事情一定會發生。審判終必到來。在通路縱橫的大空……」（51章）

「約定之日……審判的時刻」意味著末日的「最後審判」。而末日發生的這一年，即爲「末日年」。那麼，末日年究竟是在什麼時候呢？根據指示就在「擁有星座的天↓通路縱橫」時。這句話是什麼意思呢？精於占星術的人，一定會注意到太陽系行星的行星大十字。根據天文學的預測，到了一九九九年八月十八日，太陽系的全部行星，會集中於四個星座（只有冥王星稍有偏差）。這就是所謂超級行星大十字的天體現象，據說數千年才出現一次。

此外，在這之前一週，還會出現「日蝕」。除了一九九九年八月以外，這兩者一起出現的機率幾乎等於零。對於這點，日本預言也曾提及：

「八月的事情、八月的世界要特別注意」（日月神示86）

「今日雖然什麼都看不見，但是到了八月，什麼都看得見」（神諭5／56）

行星所聚集的四個星座，分別是「金牛座、獅子座、天蠍座、水瓶座」，這就是聖經啓示錄中所預告由「末日」天文現象。

「第一生物像獅子（獅子座）

第二生物像公牛（金牛座）

第三生物像人的臉（水瓶座）

第四生物像會飛的鷹（天蠍座）」

包括月球在內，除了冥王星以外，全部行星都集合在這四個星座。另外，耶穌也説，當末日到來時，「日、月、星辰都會出現徵兆」。

或許這就是日蝕、月蝕、星（座）的排列吧？要注意的是，這些現象的發生是在一九九九年八月。因爲，連小學生也知道諾斯特拉達姆斯曾經預言：「一九九九年七月，恐怖大王從天而降……」（預言當時西洋也是使用陰曆，故「七月」指的就是現在的八月）。

稍後我之所以要詳細介紹諾斯特拉達姆斯，理由就在於他的預言不單具有連貫性，同時也與「這個世界如何迎向末日」的問題有關。

從梵蒂岡預言來看末日

通常，一提到末日預言，很多人立刻就聯想到諾斯特拉達姆斯（這得歸功於五島勉先生）；不過，歐美基督教徒對他的預言，並不像日本人那麼重視。那麼，享有最高評價的預言是什麼呢？那就是始於「法提瑪」的「聖母瑪莉亞預言」。

〈法提瑪預言〉——

「大的責罰會降臨在全體人類身上。不是今天、明天，而是在二十世紀後半期」（一九一七年）

「降臨在全體人類身上……大的責罰」，和可蘭經的敘述相同，由此可知這就是「最後的審判→末日」。這裡所說的「二十世紀後半期」，是相當清楚的斷言，也獲得天主教徒的公認（本預言發表於一九一七年，故可斷言「不是今天、明天的事情」）。

到了一九七四年，語氣變得更加迫切了。

「末日正急速降臨人類世界。末日的到來就在現在。時間將盡了。」

世人對此說法究竟作何感想呢？與此同時，在聖母瑪莉亞跟前的天主教會，在知名度僅次於法提瑪預言的（拉沙雷特的告知）中，又提出了令人不舒服的預告。

「惡人數次狙擊教皇之命，所幸教皇之命不會結束。但是，代表教會勝利的教皇，並無後繼者。」（第18告知）

很多人都知道，約翰・保祿二世曾兩度遇刺，所幸「性命並未終結」，但是在他之後似乎還找不到足以擔任教皇之位的繼任人選。換言之，現任法王（教皇）是「生存在教會勝利（磐石時代）」的最後一位教皇，接下來說「沒有後繼者」了。這表示羅馬教會將會進入內部糾紛嚴重的分裂時代。關於這一點，聖經和諾斯特拉達姆斯都曾加以預言。不過，這和「末日」有何關連呢？關連可大了。預言歷代羅馬法王系譜的『馬拉基預言書』中，曾宣告羅馬教會到了現任教皇的下一代（第一一〇代），將會實質斷絕。而且最後一任教皇將會被趕出梵蒂崗，在其他地方即位。這時，

「在羅馬教會最後的受難期間，羅馬的彼得無法即位。他在大考驗中，無法給與羊群們餌食。過了這番考驗後，七丘陸續遭到破壞，可怕的審判會降臨人類身上，最後一切宣告結束。」

這個「可怕的（最後）審判」，就是象徵「末日」的慣用句。也就是說，到了教皇保祿二世這一代，就是「末日」到來的時候。

現任教皇年事已高，恐怕無法在任十年以上。到了下一任教皇時，基於右述情形，只

怕無法長時間在位。因此我認爲，在本世紀末期（天主教會結束→末日到來）的可能性極高。在世界上具有權威地位的各個宗教，都認爲「本世紀末」是世界末日到來的時刻，想來令人不寒而慄。

此外，最近增加的新興宗教的教主們，也異口同聲地對本世紀末的危機提出警告。礙於篇幅有限，無法逐一列舉，還請讀者原諒。

末日的變動期與天國到來的計算

如果本世紀末就是這個世界的末日，那麼「神國」到來會是在什麼時候呢？

近年來已經由神公開發表「這一年」，而日本預言的接棒者「日月神示」，也以解答謎語的形式，提出了以下的了預告。現在，就讓我們一起來解答吧！

「九歲爲神界的紀年。……五歲爲子年」（215）。這兒所說的「神國紀年」，就是「神國」開始年。而五這個數相當於子年，紀年就相當於「九」。換句話說，

子　丑　寅　卯　「辰」年，就是這一年。

五、六、七、八、九

辰年在同書的其它部分也曾出現，例如：

「新一代的開始爲辰年」（６４８）

「辰年爲好年」（２４５）

辰年每十二年便輪到一次，因此無法特別界定是「哪一年」，但是卻有以下的暗示。

「天明九十六歲七月・大開」（５２６）

岡本天明出生於一八九七年十二月，在他九十六歲又七個月大時，正是一九九三年八月。至於「大開」，乃是日月系預言的獨特用語，意思是「天岩户開」。也就是說，「當這次的岩户大開時，不見得都是好事。」（同書２４３）因爲，這時正是「末日患難期」的開始。那麼，這段時期會持續多久呢？

「三年與半年，半年與三年」（扶桑６）

（三年半＋三年半）↓七年。同樣的話在聖經中也曾多次出現，是以西洋基督徒之間，素來有「患難七年」的說法。從一九九三年算起，七年後就是ＡＤ二〇〇〇年！

因此，「辰年」就是「岩户大開」的最後一年（第七年）。至於（終年↓神國元年），則會一直連續下去。

光是這番解說，或許還無法令各位信服。以下就列舉其它有關神國到來之年的預告，例如：

「五十二歲　二世之初」（565）

「二世之初」是指神國到來年。那麼「五十二歲」是指什麼呢？……當然不是天明的年齡，因爲與前一句互相矛盾。坦白說，一直到過了好一陣子，我才終於知道它意有何指。其實很簡單。這個預言是在一九四九年發表，而這年出生的孩子到了五十二歲時，正好是AD二〇〇〇年。「臣民啊！這個世界的結束是神國的開始」，這與前記保羅・索羅門所言，神國結束日後，「大致從這兒開始」（185）的說法如出一轍。另外還提到「世界會重建」。由此可知，末日與新世界的胎動，是以同時進行的形態展開的。

而且，「這次三千世界的改變，是以往未曾有過的重建」（日月神示　扶桑之卷1）。我們只能「懷疑」，卻無法否認。

預言因人類的心態而改變嗎？

正如先前所言，世上許多可信度較高的預言，都異口同聲地表示這個（物理）世界，將在六年後結束。六年，是小學生畢業的年限。此外，根據聖經的說法，在末日真正患難的七年間的後半部（三年半），會開始出現亂象，如果末日真的是在AD二〇〇〇年，則混亂期應該是從一九九七年開始。那麼，剩下來的三年我們說如何度過呢？

「末日」可不可能因爲人類心態改變而避免呢？也就是說，如果人類改變以往的生活方式，用東洋思想取代現有的西洋唯物思想……結果又如何呢？果真如此，預言將會因人類心態改變而不斷改變。這麼一來，預言就不準了。這時，預言家就能堂而皇之地告訴後人，因爲某某原因所以成爲「不準的預言」。

在這種情況下，預言根本不具有存在價值，又如何能促使人類反省呢？……

有人認爲，任何環境都會受到人類思考的影響。但是請仔細想想，是不是只要人類悔改，這個世界就不會有地震、不會有火山爆發？明天的天氣就會變好？當然不是。這只不過是以肉體人類（自我）爲主的觀點而已。

日月神系預言認爲，人類若能早點知道末日的到來，就應努力避免末日發生的原因。

但是這麼一來，安排本身就無法成就，神就會感到困擾。因爲，這個（物理）世界的結束，是「神的偉大安排（計劃）」。說得明白一點，這和人類的心態毫無關係。只要看看以下的說法，各位就可以瞭解了。

「等到時機成熟，（神）實現的計劃不會更改。」（給以弗所人的信1／9）

「我的計劃一定能成就，我的願望一定能達成。」（以賽亞書46／10）

「會來。一定會成就。這就是我所說的日子。我所說的末日一定會到來。」（以西結

書7／8）

「遵從祂（神）的光榮計劃，一切都不會改變。」（「死海寫本」宗規要覽）

這個計劃「一定會成就……一定會到來……不會有任何改變」，是神的斷言。因爲主角是「神」，所以人類根本無法改變。另外，諾斯特拉達姆斯也說：「一切全依照神的意志來進行」，其結論是：「神的神秘是無法理解的」。日本的日月神系預言也是相同的看法。這，就是我要一再强調「神出現於表」這句話的原因所在。例如：

「真神出現於表，無論如何都會發生」（神諭3／85）

「神出現於表、神與學競力」（大本神諭　初發的神示）

第四章　末日大變動的實態

末日會發生什麼事情?

很多人都有一個共同的疑問，那就是：「末日」爲什麼會降臨在這個世界呢？這時就輪到前章（審判）的（真犯人是什麼）出場了。下面，我將根據諾斯特拉達姆斯的預言，針對「會發生何種狀況、爲什麼發生、會出現何種被害狀況」等問題進行檢證。在調查過程中，自然就會浮現與「末日」有關的種種答案。

由這個意義來看，他的預言非常準確。不過，正如前章所言，如果單獨來看諾氏的預言，很容易陷於主觀，因此要儘量配合其它預言逐一進行檢討。

以往說明諾斯特拉達姆斯預言的方法，大多是由解說者將適當的預言當成「單品」列舉出來：「這是希特勒的作法、這是蘇俄的作法」，是屬於「I think so」的方式。這種方式固然痛快，卻很容易讓人認爲「這只是你自己的想法」。一旦有人表示「我不這麼認爲」，則一切解說均告白費。

然而，預言……尤其是有關末日的預言，絕對不是一個輕鬆的話題，因爲它與自身的生死息息相關。所以，如果你抱持毫不在意的態度，認爲說中或不中都只不過是八卦占卜而已，那就有待商榷了。

那麼，有沒有其它好的方法呢？

我認爲，最有良心而又適切的方法，就是由諾斯特拉達姆斯自己來解說。這不是開玩笑嗎？他明明已經死了呀！不錯，他是已經死了，但是卻留下了許多預言詩。只要稍加整理，就可擺脱單品預言的形式，根據時間先後排出順序。具體方法如下：

①找出屬於同一時間帶的預言詩。

②選出具有相同話語、相同內容的詩句。

③找出前後關係，按時間順序重新排列。

④以諾斯特拉達姆斯本人的神學與同時代的常識加以解釋。

首先就從順序開始吧！藉由諾斯特拉達姆斯調查本世紀末時，最容易取得關鍵的是以下的詩。

以下的記號等，全都根據著書。

〈A〉——

①一九九九年、七月

②恐怖大王從天而降

③爲使安格爾摩亞大王復甦

④在其前後期間，戰神馬爾斯以幸福之名支配一切

（X／72）

——（取自當時預言先驅五島勉先生翻譯）

在此最重要的一點是，②所謂的「恐怖大王」到底是什麼？……找尋答案的關鍵何在呢？就在①的本世紀末，時間上和其它預言完全吻合。至於②的「從天而降」，有沒有什麼相關的詩呢？這兩點可以當作突破的關卡，我們就從這裡開始吧！

在此之前，我們先來探討一下這段預言本身。對於③的「安格爾摩亞」，很多人認為它是指「中國軍隊」，④的「馬爾斯」則是指「火星→軍隊」。所謂軍隊「以幸福之名支配一切」，是否即意味著頒佈戒嚴令的事態呢？

有人解說這首詩是在表示（世界末日），但是我卻不這麼認為。因為，詩中提到「馬爾斯在其前後……支配一切」，此即表示這個世界在這首詩「之後」，仍然存在著。另外還提到「為使安格爾摩亞大王（中國軍隊？）復甦」，這就表示在那個時候，安格爾摩亞尚未復甦，要到未來才會甦醒。

由此可見，這首詩並非表示「世界末日」。這個例子也告訴我們，話不能單以「單語」來考量，必須仔細推敲其中的含意。

諾斯特拉達姆斯預言的時期判別法

話題似乎又扯遠了，趕快回到本題吧！關於「恐怖大王」，歷來衆說紛云，例如⊙來自UFO的攻擊說、⊙未來自宇宙衛星的雷射光說、⊙來自臭氧層的紫外線說……等等。其中又以贊成ICBM的核子飛彈攻擊第三次大戰說的人占大多數。至於答案爲何，不妨從相關預言來探究。

〈B〉——

①在一切順利、承受恩惠之時

②太陽與月之間，滅亡接近

③在你爲繁榮沾沾自得時，它會從天而降

④與七丘事態相同

（V／32）

句中的「從天而降」與前一首詩相通，此外時期也相同。請看五十六頁的圖表六。諾斯特拉達姆斯不只是醫生，對占星術、神秘學、基督教神學也有很深的造詣，因此不能說他與中世紀基督教神學的教養無緣。請看圖表六的最上方。當時的占星神秘學，已經注意到「千年期」的各星名稱（請注意一週間的逆順問題）。

②的「太陽與月之間」，究竟意味著什麼呢？由表來看，「之間」就是「月期與太陽期交界的時期」，亦即月期的最後一年（一九九九年）與太陽期首年（二〇〇〇年）的交界時期。這和前詩所言「一九九九年、七月」的時間帶完全吻合。換言之，「太陽與月」並非星球名稱國名的象徵，而是代表「時間」。

爲了證明上述說法並非出自主觀，我要舉出許多旁證。例如，在「給亨利二世的信」中，諾氏曾有以下敘述：

「現在我們仍在月的支配下，……拜永遠的神之賜，太陽會一直持續到月的周期結束之前，然後土星到來。」

首先請看圖表六。對十六世紀的諾斯特拉達姆斯而言，「現在我們仍在月（期）的支配下」乃是理所當然。至於（太陽→土星）會陸續出現，則與表完全一致。

箇中所象徵的意義十分微妙。諾氏認爲「太陽期原本應該始於二〇〇〇年（因神之賜），但實際上卻在月期完全終了的一九九九年十二月以前，就已經開始」。那麼，太陽期究竟始於何時呢？在同一封信的其它部分，諾氏提到：

「十月會有大周期到來，地球失去原本的自然動態，發生使人類被放出永遠黑暗的事情。春天時，會發生王國移動及大地震。」

假設「大周期」是以一〇〇〇年爲單位，則太陽期在一九九九年十月就會開始了。而先前所謂「太陽與月之間」的時期，也是一九九九年九月～十月之間，也就是在「一九九九年七月」之後。三個預言在時間上的不謀而合，更提高了其真實性。

總之，解讀諸氏預言時，絶對不能單憑個人的想法來解釋，必須將兩封信一併納入討論。

屆時出現的恐怖大王究竟為何？

本詩中的「末日期」，其實只要看④就可瞭解。「七丘」代表古羅馬市的地形。對當時的歐洲人而言，古羅馬是文明終結的象徵。而「事態相同」，是指西洋文明→後繼的現代文明，都已「接近滅亡」。不知各位還記不記得？「七丘」一詞在馬拉基的預言中也曾出現過，指稱法皇（羅馬教皇）這一代，就是這個世界的「結束」，並以「法提瑪的聖母預言」作爲旁證。

「衆人在夜間看見神奇的大光。這是戰爭、飢餓及對法王、教會迫害的開始，也是神給予世界第二天罰的象徵。」

承受「對法王施加迫害」的，正是羅馬教皇。至於「神奇的大光」究竟是什麼，稍後就可以瞭解了。

那麼，「第二天罰」又是什麼呢？這是意味著「最後時刻」的聖母預言的關鍵字（後出）。另外，詩中還提及「戰爭、飢餓」，可說各預言都非常吻合。是以造成末日的元凶，即將③「從天而降」。接著再來看看以下的預言。

〈C〉——

①在諸世紀大周期改變時
②可怕的災厄侵襲人類後，更大的災厄接近了
③雨、血、乳、飢餓、戰亂、疫病
④天空中出現拖著長尾巴的火焰

（Ⅱ／46）

首先請看①。「諸世紀」以一〇〇年爲單位，「大周期」則是以「千年」爲周期。諾斯特拉達姆斯生於十六世紀，當然是一〇〇〇年期的人。他所謂的「周期改變時」，是介於一〇〇〇年期結束（一九九九年）與二〇〇〇年期開始（二〇〇〇年）之間。這個時期與前詩的說法相同。而④「天空中出現拖著長尾巴的火焰」，應該就是「從天而降的恐怖

大王」。③中的「戰亂」一詞，指的應該就是核子飛彈吧?另外，看②時會發現侵襲人類的災厄分爲二個階段，其中之一的確是「戰亂」。至於要知道④是什麼，就應該從「拖著長尾巴的火焰」這句話上去找。那麼，「尾巴」一詞在其它地方是否曾出現過呢?答案是肯定的。

〈D〉——

①尾巴帶著光的星星出現時
②三位巨大的王子互相敵對
③大地動搖、和平從空中被打碎
④波河與提布爾河氾濫，蛇在岸邊盤踞

（Ⅱ／43）

①中的「尾巴帶著光的星星」，即意味著「恐怖大王」就是指「星」。另外還要注意的，是③的「從空中」一語。而②的「三位巨大的王子（三大國的首腦?）互相敵對」，可能形成〈A〉④「馬爾斯」頒佈戒嚴令的事態。〈A〉③中「安格爾摩亞」所指的中國，在本世紀末時成爲世界三大國之一，乃是預期中事。將以上各詩串連起來，諾氏的預言構造就非常清楚了。下面，我們再來看看「星星」的動態吧!

〈E〉——

①可能由北方出現

②距巨蟹座不遠處

留著長髮的明星接近了

③斯斯·協納波·耶奇亞·耶里特利亞

④黎明時分，偉大的羅馬人會死

（Ⅵ／6）

②「留著長髮」→〈D〉①「尾巴帶著光」→〈C〉④「拖著長尾巴」……指的都是相同的東西。接著我們來看看②的「明星」，指的可能是彗星（掃把星）吧？那麼，爲什麼會出現在本世紀末呢？關鍵就在於④。根據十六世紀人的常識來看，所謂「偉大的羅馬人」，應該就是「羅馬教皇」。但是，從十六世紀到現在，已有多位教皇死去，爲什麼在此還要特別强調「羅馬人之死」呢？莫非是在暗示最後羅馬教皇之死→羅馬教會之死？請看六十一頁的「馬拉基預言書」。其中曾提及，現任教皇本質上就是「最後的教皇」。而「偉大的羅馬人之死」，發生於本世紀末前後的可能性非常高。

話題再回到「星星」上。爲什麼星星會①「由北方出現」呢？我們來看看曾經提及

「北方」的詩句。

〈F〉——

①黎明時分看到巨大火焰

②轟然巨響和閃光出現在北方天空

③在球型中聽見死亡的叫嚷聲

④由武器、火焰、飢餓造成的死亡等待著衆人

（Ⅱ／91）

想像②「轟然巨響和閃光」出現的景象，的確非常可怕。佛教（月藏經）預言中也提到：「彗星出現大空」「當時，大空出現巨大聲響」，其它提及「北方」的預言也不少。例如，大本神諭就說：「這次金神由北方出現、爲世界獻上水晶之世」。句中的「金神」，即後來王仁三郎所說的「王星」，也就是星星。

聖經『耶利米書』也說：「主告訴我，災難會從北方襲來，波及居住在這個地上的所有的人。」句中的災難有人猜測大概就是核子飛彈，但是我卻不這麼認爲。因爲，不論是從我國或歐洲各國來看，美、蘇兩大核子國都是在東方或西方而非北方，因此自然不會有核子飛彈「從北方……襲來……攻擊居住在這地上的所有的人」。如果從「星星」的角度

來看，地球上北方就是北方。

另外，〈F〉①的「巨大火焰」，在〈C〉④中也曾出現。現在我們就以「火焰」爲關鍵，繼續探討下去吧！

〈G〉——

①看到金色火焰從天而降

②來自高處的衝擊，引起驚人的突發事變

③人類最大的殺戮，子女們被强行奪去

④觀衆死亡、驕傲之人也逃之夭夭

（Ⅱ／92）

①又出現「從天而降」一詞。由（拖著長尾巴→火焰）接連在各詩中出現，可知「恐怖大王」指的正是「星星」。我認爲，這個「金色火焰」就是「恐怖大王」的姿態。在「一九九九年、七月」這個時候，星星還沒有燃燒，因此正如前詩所言，由戰神「馬爾斯以幸福之名支配一切」，最後引起③「人類最大的殺戮」。我認爲，即使是在喜好誇張的諾斯特拉達姆斯詩中，這也是相當强烈的字眼。

那麼，爲什麼要表現得如此强烈呢？其理由是……

兩個太陽

〈H〉——

①大星持續燃燒七天
②雲中出現兩個太陽
③猙獰的巨犬徹夜狂吠
④偉大的法王更換所在地時

（Ⅱ／41）

星星這個「恐怖大王」開始燃燒後，地球擁有「連成太陽」。這當然是諾斯特拉達姆斯的誇張表現。但是「燃燒」需要大量氧氣，這就意味著星星會穿入地球的大氣層內。真的嗎？實在教人難以置信……關於此一驚人的天地變異，其它預言家也曾異口同聲地提出警告。例如……

〈聖經　啓示錄〉——

「第三使者吹響喇叭。如火炬般開始燃燒，巨大星球從天而降。」

（8／10）

文中清楚地記載了「燃燒的巨大星球」。而「從天而降」一詞，更與諾斯特拉達姆斯的預言不謀而合。接著又說：「這個星球名爲『苦艾』……」，在俄語裡，「苦艾」指的就是「車諾比」。對車諾比核能事件提出預言的人很多，但只有啓示錄明確指出「星名」。

現在，我們就從全系列不同的預言當中，來探索「兩個太陽」。

〈佛典〉金光明經　四天王護國品——

「疫癘流行、彗星出現、兩日並現……」句中的「兩日」，就是「二個太陽」。另外還要注意「彗星」出現的這個部分。有人猜，句中的「疫癘」，會不會就是愛滋病呢？

〈日月神示〉——

關於日月神示，已在前著詳細介紹過，故在此僅記述部分的內容。

「太陽有十個星球。新的太陽會誕生。」（至恩之卷16）

現今的太陽系只有九個行星。而日月神示卻說有「十星」，這表示有另一個星球加入太陽系。接著開始燃燒，然後「新的太陽誕生」了。

〈大本教　出口王仁三郎預言〉——

「天上出現王星，地上的學者、智者驚嘆時，天國政治移到地上的時期接近了，這就是三千世界重建的開始。」

「出現於天上的王星」，即爲「燃燒的星」。王仁三郎「這個星出現時，就是神國接近的時刻」的説法，與西洋系預言不同。因爲，東洋系預言是將重點置於「解救」，而非描繪「恐怖」景象。

〈天理教　神諭〉——

「日的奉獻」一語，對天理教而言具有重要的宗教活動意義。教會基於「以向親神報恩的心情日日奉獻」的立場，鼓勵信徒們爲各種宗教活動犧牲奉獻。在我看來，從人類朝神的方向才是正確的解釋。然而預言的主語是神，如此一來，本型當然應該是神朝人類的方向才對。如果是神進行「日的奉獻」，又是什麼情形呢？「日」是指太陽。人類原本就有一個太陽，如果神再進行「日的奉獻」……就會出現「二個太陽」了。

那麼，爲什麼會在本世紀末出現呢？我們再回到諾斯特拉達姆斯的預言上。〈H〉中的②「雲中出現兩個太陽」，是在④「法王更換所在地時」。法王更換所在地意味著何種事態呢？請看六十一頁：「最後法王（羅馬教皇）被趕出梵蒂崗，不得已只好在其它地方即位」。除了這個時刻以外別無其它。而且我們知道，這件事在本世紀末前後就會發生。

綜合以上所述，可知全部預言都有連帶關係。只要加以對照，就可以看出末日的整體像了。

什麼是第三次世界大戰？

在此還有另一個課題，那就是過去各預言解說書的主題「第三次世界大戰→全面核子戰爭」。

核子戰爭可不可能避免呢？根據〈D〉②的說明，「人類的災厄」分爲「兩階段」，其中之一應該就是第三次世界大戰，另一個則是爲「燃燒的星球」接近。這時的問題在於，何者才是「較大的災厄」？當日本列島（本州）沈沒的預言出現時，擔心富士山火山爆發根本毫無意義。同理，當地球上的陸地全部要沈入海中時，擔心日本列島沈沒根本就是多餘。換言之，在預測較大災厄來臨時，考慮次大的災厄没有任何意義。因此，首先要知道何者才是「主要災厄」，何者才是「更大災厄」。關於這一點，由以下敘述便可分曉。

〈I〉——

①MIRV會迅速解放，死亡會到來

②人與獸進行可怕的破壞時

③對人類的復仇突然明朗化
④百手、飢渴、慧星飛逝時
（Ⅱ／62）

①中的「ＭＩＲＶ」，即美國「ＩＣＢＭ·核子飛彈」的簡稱。這是有關第三次世界大戰的預言。另外，②中所說的「獸」（並非野獸的獸），是啓示錄中所謂的「六六六獸」，此人爲第三次世界大戰的主角。當其按下核子飛彈的按鈕時，戰爭隨即進入高潮。但是這時正如③所言，「突然（自然對人類的暴舉）進行復仇」，於是④的「慧星」開始朝地球接近。

由此可知，在地球上，第三次世界大戰與燃燒星球接近，幾乎是以同時進行的形式展開。至於爲什麼會引發第三次世界大戰，大部分解說書都只對其展開表示關心，而忽略了根本原因。

很多人都認爲爭奪原油是引發大戰的動機，但仔細想想，這是非常可笑的說法。因爲，正如大家所知道，波斯灣戰爭引起大規模全面對決時，最先遭到破壞的，就是生產原油的油田本身。即使愚蠢如人類，也不至於搬石頭砸自己的腳啊！

那麼，真正的原因何在呢？諾斯特拉達姆斯給了我們一個很好的答案。仔細看看各詩，你會發現「戰爭」這個字眼，一定和「飢餓」一起出現。此外，在聖母預言中，也曾提到「戰爭、飢餓、對法王的迫害」。而這二者是同時期的預言。耶穌預言中也提到，在末日時——

「民與民、國與國對立。到處出現飢饉，並且發生大地震。」（馬太傳24／7）

在此，戰爭（敵對）與飢餓（飢饉）成對出現。至於大地震，將在稍後加以介紹。當然，日本預言界也有他們的看法……。

「日本國糧食短缺。世界上沒有可吃的食物。」（日月神示363）

「政治與經濟完全崩潰，沒有可吃的食物。各位要覺悟。」（日月神示286）

的確是非常可怕的預言。世上一旦沒有食物，政治和經濟便無法發揮功能，因此很容易就會引發世界大戰。也就是說，全球性的糧食短缺，是導致第三次世界大戰的原因。的確，人類沒有石油不會死亡，但是沒有食物卻絕對無法生存。要說引發大戰，還有比這更有力的動機嗎？

那麼，爲什麼糧食會缺乏呢？可能是由於地球上氣候反常所致。而氣候之所以反常，則是因爲「燃燒的星球」接近地球的緣故。經過層層剝絲抽繭，整個事件的原委不就昭然若揭了嗎？

人類無法避免災難

面對日益接近的燃燒星球，有人會問：能不能利用現代的高科技技術，改變其飛行軌道呢？對此，周到的諾斯特拉達姆斯，早就準備好了答案。

〈J〉——

①大空出現日蝕時
②天空中看得見怪物時
③全都解釋爲異象
④不在乎付出昂貴的代價，沒有人能夠阻止

（Ⅲ／34）

在解讀之前，我們先說明一下當前的狀況。事實上，NASA已針對星球撞擊問題研擬對策（這件事本身就令人覺得不舒服）。但是，單就太陽系的彗星而言，數得出來的就多達一〇〇〇億～一兆個，而實際數字可能不只如此。況且發現小天體的機率僅達五％，想要長期正確預測彗星的軌道運動，根本就不可能。換言之，我們很難確認哪一個星球會撞上地球。

目前，防止撞擊的唯一方法，就是利用核子彈破壞星球。問題是，這個作法對於直徑超過二〇〇公尺的星球，並不能發揮效果。此外，雷射光照射、核電氣反應火箭、質量放出裝置等方法也被列入考慮，但目前仍在實驗階段，要實際應用恐怕還要等上一十～三十年。可以確定的是，這絕對不足以應付「六年後」將要發生的事情，各位對此不必抱太高的期望。

再回到原先的預言。

①所謂的「日蝕」，已知會在一九九九年八月發生。而②所說「天空中看得見怪物」，就是「從天而降的恐怖大王」，③是說人們議論紛紛，將各種變化解釋為「異象」，而④則是指「恐怖大王」根本「不在乎」利用昂貴的高科技技術所進行的地球防衛作戰。

那麼，星球到底會不會上地球呢?請看以下的敘述。

〈K〉——

①和平、戰亂、飢餓、洪水後

②巨大的球塊旋轉掉落

③吞沒大國

④古老建築及其堅固基礎也一併毀滅

（I／69）

在解說之前，我要再次提醒各位，在一連串的預言中，出現了一個共通的關鍵字，那就是「戰亂、飢餓、（疫病）」，如〈C〉、〈F〉、〈I〉、〈K〉。下面再爲各位列舉一例。

〈L〉——

①與射手座相合的凶座相

②最强的時候

③戰亂、疫病、飢餓、死亡

④新世紀開始之前

（I／16）

重點在④「新世紀開始之前」，這是暗示「新世紀（神國）到來」。這首詩也是同時期的預言。「戰亂、飢餓、疫病」三者一起出現，或許是諾氏在修辭上的慣用語，但其與預言「末日」有關是可以確定的。對此，諾斯特拉達姆斯親自提出解答：

「當人類接近死亡這個重大變異的時刻時，會出現黑死病（以現代而言可能就是愛滋病），可怕的戰爭及飢饉。」

也就是說，諾斯特拉達姆斯預言：「人類走向死亡」→末日的到來，是因爲「（疫病）·戰爭·飢饉」。（給塞尚魯的信）

大本教出口王仁三郎的預言，也可以證明這一點。他將末日的災厄一分爲二，小三災→疫病、飢饉、戰爭；大三災→天災地變。和諾氏一樣，他也是將疫病、飢饉、戰爭三者合在一起。

末日終將到來

前面〈C〉中所謂「更大的災厄」，就是大三災，也就是「燃燒的星球」。比較上，第三次世界大戰是屬於較低一級的災厄。已經看過幾本預言書的人，大多認爲這個世界會因全面核子戰爭而滅亡，但，如果仔細閱讀更多預言書，將會發現談到核子戰爭的部分並不多。就拿諾斯特拉達姆斯的預言來說吧！也不是一開始提到核子戰爭。那麼，出現頻度最高的主題是什麼呢?以圖表七配合先前出現的預言詩，答案就一目瞭然了。

現在再回到〈K〉的部分，①的關鍵在於三點成一套之後的「後」字上，因爲它點出了三點預言之後的時間帶。②的「巨大球塊」當然不是飛彈，而是「恐怖大王」。而且，

（圖表七）諾斯特拉達姆斯預言詩的主題

L	K	J	I	H	G	F	E	D	C	B	A	
	○	▲	○	○	○	○	○	○	▲		▲	火焰星▲
	○	○		○	○	○	○	○	○	○	○	來自天空
○				○			○		○	○	○	本地世紀末下世紀初
○	○		▲			○		▲	○		▲	戰亂、飢餓▲
○	○	○	○		○	○			○	○		死、滅亡

這個星球是一邊燃燒，一邊如②所言「旋轉掉落」下來。巴黎大學的魯克爾·魯貝爾曾說，二〇〇〇年時直徑約一公里的小行星「特塔奇斯」，會直接撞擊地球（可能性極高）。特塔奇斯是否就是「恐怖大王」？是否真的會出現③「吞沒大國」的情形呢？果真如此，人類就不會面臨戰爭了。

至於④，則是由可怕的「新世紀」來看現代文明社會的隱喻，致使現代文明社會崩潰的關鍵，就是其它星球撞擊地球。

這點可由聖母瑪莉亞預言來加以確認。聖母瑪莉亞透過里特爾·培普爾，作了以下的預告：

「孩子們（指人類），大天罰，也就是撞擊地球的彗星，叫做『瓦姆德』。」（一九八五年）

根據英文字典的解釋，「瓦姆德」就是「苦艾」。而前記啓示錄中「燃燒的星球」，絶對不是指「車諾比核能事件」。前面說過，預言應該是「文字」解釋，因此「聖經的預言，不應該憑自己的意思任意解釋，各位必須先瞭解這一點。」（給聖彼得的第二封信1／20）

總之，彗星一定會撞擊地球。

〈M〉——

①離開吧！從所有的日內瓦離開吧！

②撒旦將黃金變成鐵

③逆光者將全部毀滅

④毀滅之前天，會出現徵兆

（IX／44）

①中的「所有的日內瓦」，指的是世界各地的商業都市，也就是現代經濟社會的象徵。截至目前爲止，這個世界仍然是人類的勢力範圍……但是②「撒旦（惡魔）」卻將「黃金（有價值的東西）變成鐵（價值較低的東西）」。

那是因爲，在這個時候③「逆光者（黑暗的勢力）」，會被光的勢力（神）「全部滅亡」。從波斯教到死海文書，所有古典中凡是提到「末日」時，都會引用這句話。

那麼，「末日」何時到來呢？根據④的說法，在這（一九九九～二〇〇〇年）之前「天會出現徵兆」，例如「日蝕」「行星大十字」及另一種天體現象。這個天體現象到底是什麼、末日到來的確時間爲何、屆時會發生什麼事情呢？預言即將進入最高潮，請各位拭目以待！

第五章

公元二〇〇〇年五月一切宣告結束

預言的高潮何時到來？

〈N〉——

①五月會出現大地震

②土星、御夫座α星、木星、水星、金星都在金牛座

③火星成爲巨蟹座的零的時候

④降下比雞蛋還大的冰雹

（X／67）

在「給亨利二世的信」中，諾斯特拉達姆斯形容自己的預言是「聖經與自體的調和」。換言之，他認爲自己的預言與聖經預言完全吻合。下面，我們就從聖經來看「末日」吧！

記載末日預言的啓示錄中，對於第三次世界大戰之後仍有記述：「出現大地震。這是人類有史以來未曾有過的强烈地震……此外，還有巨大的冰雹從天而降。」（16／18～21）而『月藏經』也說：「地震，一切動搖如水車。」其它還有很多預言都表示，在「末日時會發生大地震」。啓示錄中的「地震與冰雹」，在〈N〉的①和④中都出現了。由此

即可證明，本詩是在描寫這個世界接近滅亡的時間。

到底是什麼時候呢？只要看〈N〉的②、③就知道了。身爲占星術專家的諾斯特拉達姆斯曾說：「我只是遵從聖經，追求天文學預想的『時』罷了，瞭解我的『時』才是最佳道路。」他所謂的「天文學的預想」，當然就是指占星術。正如他所說的，到了AD二〇〇〇年五月，②「土星、木星、水星、金星、御夫座α星會進入金牛座」，此即所謂「行星直列」現象。

關於這一點，保羅・索羅門也有以下的敘述：「行星群再次整齊排列於天上，是在二〇〇〇年五月五日。」所謂「再」，是指僅次於行星大十字的「天的整齊排列」。

行星直列就是〈M〉④所謂的「天會出現徵兆」。總之，「應該來的世紀，已經都決定好了」（給塞尚魯的信）。

問題是，你知道正確的「日子」是哪一天嗎？關鍵就在「地震」這句話上面。

〈O〉——

①太陽在金牛座二〇度的日子

②發生大地震，坐滿觀衆的劇場倒塌

③災厄使空氣、天空、大地全都籠罩在黑暗中

④連異教徒也尋求神的解救

（Ⅹ／83）

②的「大地震」與〈N〉①有連帶關係。那麼，到底是幾月幾日呢？答案是①「太陽在金牛座二〇度的日子」。根據占星術預測，AD二〇〇〇年五月十二日（的確是「五月」）時，就是人類世界的大限之日。也就是說，剩下不到六年的時間，「這個世界就會宣告結束」……而④的敘述，將會令各位產生更强烈的迫切感。另外，②的「劇場」與〈G〉④的「觀衆」，是對句話語，而「觀衆」與「人類最大的殺戮」有關。要注意的是，「坐滿觀衆的劇場」指的並非劇院，而是指「充斥於地球上的都市人類、高樓大廈」。

至於〈K〉④的「古老建築」，也具有相同意義。總之，這些都是暗示末日的話語。③所告知的天地變異，可以說是「末日預言的高潮」。這一點非常重點，故再以同時點出現的其它詩作來加以確認。

〈P〉——

①月被深深的黑暗包住

②兄弟被血色染紅

③長時間隱藏在黑暗中的大王
④燃燒地上染血的刀刃
（Ⅰ／84）

①、②與〈O〉③對應，和稍後出現的各預言也非常吻合。③中的「大王」，就是指「恐怖大王」。因爲「長時間隱藏在黑暗中」，所以恐怕要較遲才會發現這個星球。至於④，則是象徵即將發生的慘劇。

世界各預言所描述的末日重點

前面說過，末日預言的主題並非第三次世界大戰。事實上，「天的變異」才是主題所在。所謂天地變異，一言以蔽之，就是「某日突然整個大地都陷於黑暗之中」，或是如日月神示（172）所言：「世界的末日，就是黑暗到來的時刻」。這個變異成爲預言主題，在聖經中出現十六次。當然，聖經以外世界上所有預言或傳承，也都告知這個奇異的現象，真要一一介紹的話，恐怕說也說不完。因此，僅以聖經爲代表，叙述耶穌基督所告知的「這一天」……

「天立刻就暗了下來，月亮不再綻放光芒，星星從空中墜落，天體開始搖動。」（馬

太傳24／29）

對此，舊約聖經的預言內容也大致相同。根據諾斯特拉達姆斯的說法〈M〉，這一天就是「離開吧！從所有的日內瓦離開吧！」的時候。因爲，「這個時刻是自世界開創以來不曾有過，今後也不會有的大災難發生的時候。」換言之，自地球誕生至今約四十六億年、再加上今後（地球本身）還可以確保四十二億年，總共約九〇億年當中，只會發生一次這樣的「大災難」。想到距離這一天只剩下不到六年的時間，就令人不禁毛骨聳然。

關於天地變異，在回教可蘭經中也有詳細的敘述。例如「太陽翻覆時、星星隕落時……大空的補丁破裂時、地獄之釜解開時、天國接近時，每個人都知道自己的末日。」（81章）

佛典也有以下的敘述：

「日月失度、時節反逆、紅日出、黑日出……日蝕無光……」（仁王經　受持品）

當然，日月神系的預言，也預告了此一變異。

〈天理教〉「四方漆黑、難以分辨」（教祖預言）

〈日月神示〉「月變紅、日變黑、天空變成血色，並流下鮮血。人民在地上爬行或倒立，一切陷入混亂中。」（紫金之卷5）

〈大本教〉「世界會在一夕間陷入大混雜中」（大本神諭）

總之，當「天空和地上都出現變異時，就是末日到來的時刻」（120）了。至於這個「時刻」究竟是什麼時候，由以下敘述即可看出端倪。

下面我們再說「聖母預言」來探討有關末日的問題。

「（這個）瓦姆德大彗星撞擊地球的十天前，會在地球周圍不斷旋轉。彗星尾巴的氣體包住地球，地上一片漆黑，太陽看起來似乎有二個。」

在此要深入探討的是①「彗星的尾巴」、②「地上一片漆黑」及③「二個太陽」。

「彗星尾巴所含的有毒氣體進入大氣層。無數的人因毒氣而死亡。」

關於這一點，諾斯特拉達姆斯有以下敘述。

〈Q〉──

①可怕的喇叭吹響時
②衆人散亂臉朝天空
③口中吐出鮮血，在血海中喘息
④塗抹乳與蜜的臉朝向太陽
（I／57）

①的「喇叭」與七九頁的「啓示錄」的叙述有關。在那一節中，曾經提及「第三御史吹響喇叭」時，「燃燒巨大星球從天而降」……看到這裡，應該不需要我再說明了吧？這個星球「十天後會撞擊地球，在這之前三天，會有可怕的『黑暗的三天』出現。」（聖母預言）

「撞擊」似乎已無可避免，而且在此之前會出現「黑暗的三天」。這和耶穌所說「天立刻就暗了下來、月亮不再綻放光芒」的異變相同「在歐美基督徒之間，『黑暗的三天』和『患難的七年』一樣，都是衆所周知的災難」。

那麼，到底什麼時候會出現呢？根據諾斯特拉達姆斯在〈O〉中的預言，這一天應該是在AD二〇〇〇年五月十二日（前後）。因爲「三天後」這個彗星會撞上地球，導致末日到來，是以「末日」應該是在AD二〇〇〇年五月十五日（前後）。

救世主何時到來？

「在『黑暗的三天』開始之前，發生空中攜舉，然後一切核子武器按鈕會被按下。」（同右）

在此出現了「空中攜舉」這個前所未聞的字眼。事實上，這正是本書的主題，因爲它與如何從患難中獲得「解救」有關。下面要談的，是大家最關心的「核子武器按鈕」，終於在這個時候被按下了。在這之後，地球會變成怎樣呢？「瓦姆德大彗星撞擊地球，三天後的復活節，真主再度降臨。」（同右）

這裡所謂的「真主再度降臨」，是指全體基督徒引頸翹盼的「基督再度降臨」。但請注意其順序是(I)彗星接近→(II)空中攜舉→(III)黑暗的三天→(IV)按下核子武器按鈕→(V)彗星撞擊（末日時）。也就是說……耶穌再度降臨是在「三天後」。從另一個角度來看，在末日之前，「耶穌不會降臨，解救這個患難中的世界。」

那麼，基督（救世主）再度降臨的意義是什麼呢？救世主的主要工作，是「輔導」在接下來的「神國」中生存的人。其證據是，在啓示錄中，基督登場時曾說：「這個世界的國成爲我們的主和基督的國。主會持續統治這個世界。」（11／15）

「這個世界的國」，就是指「主（神）國」。所以在神國到來之前，祂當然不會降臨。事實上，『使徒行傳』中也說：「耶穌（救世主）透過神聖預言者之口，說明在還沒有準備如昔日預言所說要改造萬物之前，祂會一直停留在天上。」（3／21）

也就是，祂會在「神國」「改造萬物」，在此之前，救世主會「一直停留在天上」。換言之，末日到來之時，正是基督不在的期間。

天理教的『神諭』也有類似的神奇預言：「救助到第三天才會出現。」意思就是指「救世主（救助）在世界末日開始的三天以後，才會出現在衆人面前」（11／16）。其日期和聖母預言所說「三天後的復活節真主再度降臨」完全吻合。

爲了便於瞭解，特將末日的時間表整理如圖表八所示。由表各位可以看到更深入的事件發展（圖中「黑暗的三天」開始的日期，如〈O〉所言是從二〇〇〇年五月十二日算起。要提醒各位的是，這只是一個大致的日期而已，時間上難免會有前後的差距）。

問題在於第三次世界大戰何時開始。根據『丹聶爾書』的分析，應說是在黑暗的三天的「四、五天前」開始。至於最後的戰爭，則是在二〇〇〇年三月三十日前後開始。不過，真正屬於世界規模的激烈衝突爲時甚短。

請各位想想第三章開頭的部分。在佛典、聖經和可蘭經中，都已經指明「本世紀末↓來世紀初期」爲「末日時期」。

日月神示也清楚斷言，神國的到來是在（辰年↓二〇〇〇年），與西洋系預言的檢證結果完全吻合。時代、系統各異的東西方預言，居然完全吻合，這不能說是奇蹟了吧？當然，也不能算是偶然的巧合。

（圖表八）末日時間表

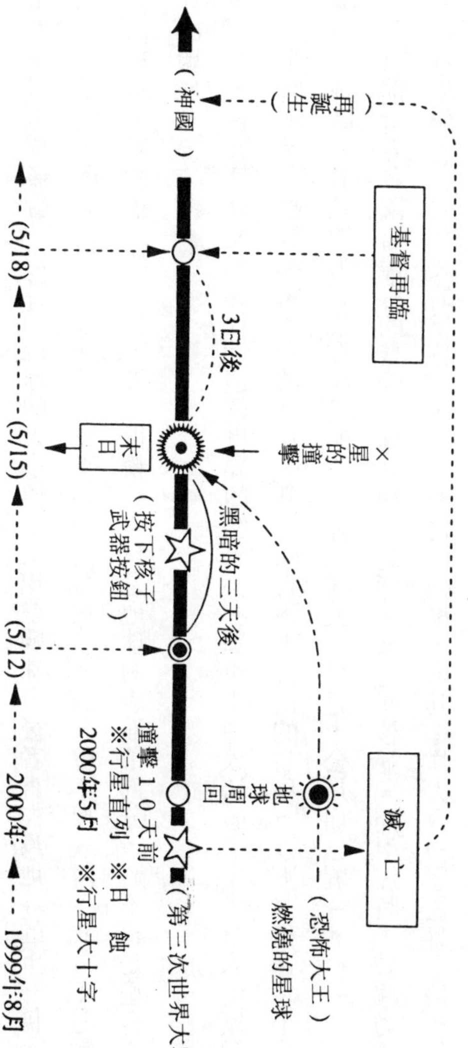
（神國）
再誕生
基督再臨
3日後
×星的撞擊
末日
黑暗的三天後
（按下核子武器按鈕）
滅亡
地球周回
（恐怖大王）
燃燒的星球
撞擊１０天前
※行星直列　※日　蝕
2000年5月　※行星大十字
（第三次世界大戰）
(5/18)
(5/15)
(5/12)
2000年
1999年8月

發生事態的具體規模

讀到這裡，想必很多人會想起一九九四年七月撞擊木星的彗星。基本上，撞擊本身並未對木星造成影響。但是，地球的大小與木星相差懸殊，後者直徑爲地球的十一倍，重量爲三二〇倍，因此彗星撞擊地球的結果如何尚難預料。請各位不要誤解，我並不是說地球會像科幻電影所描述的一樣，被撞得粉碎；只是地球的表面積部分，將不再是適合人類生存的環境。

如果說與彗星撞擊導致「這個世界的結果」，那也未免太誇張了——有人這麼認爲。事實不然。根據專家學者的推算，當一顆直徑十公尺的彗星（以下、秒速二十公里）撞擊地球時，其破壞力與投在廣島的原子彈一樣大（只是十公尺而已喔）。目前世界各國所擁有的核彈，總計約一萬噸。當這些核彈一同引爆時，破壞力還不及一顆直徑僅五〇〇公尺的星球。如果直徑達一公里，則其爆炸力會一舉提昇十倍（依我的感覺，直徑一公里已經是很大的星球了，但是在天文學的領域裡，這種程度星球根本不夠格稱爲「星球」，只能稱爲「星屑」）。

據此推算，直徑十公里的星球，便具有一億噸級的破壞力……一萬億噸的破壞力有多大呢？各位或許很難想像。具體而言，就是在地球上的每一個地方，都會發生類似廣島的原子彈爆炸。

附帶一提，一九〇八年發生於西伯利亞通古斯族地帶的廣範圍大爆炸，據說是由於彗星墜落所致。根據專家調查，當時墜落的彗星直徑約四十公尺，而且僅是部分破片接觸地球而已，結果卻造成極大的損害。

此外，近來人們也開始逐漸瞭解到，侏儸紀公園中大家所熟悉的恐龍，之所以在某個時期突然銷聲匿跡，是因爲小天體的撞擊。根據NASA研究員的調查，當時撞擊的星球直徑約十公里，至於掉落地點，應該是在猶加敦半島北部。

當時的破壞力有多大呢？根據超級電腦的推算，相當於地震震度十三級以上。而當今地球上的地震震度，是以M九爲上限。附註，地震震度每上升一級，能量即提高六十倍。

在海嘯方面，浪高達四〇〇〇公尺。結果不只是日本會沈没，連富士山也會被埋在海水之下。〈啓示錄〉中曾經提到會出現「自人類存在以來未曾有過的地震」。的確如此，地球上的地震震度最高爲M九，因此，除了星球撞擊以外，不可能發生震度達十三以上的地震。

至於「（重約三十五公斤）的冰雹從天而降」又怎麼說呢？彗星事實上就是冰和水蒸

氣的集合體，因此當它近地球時……當然會有冰片從天而降。這，就是所謂的「冰雹」。

〈啓示錄〉後來又提到：「島全都淹沒，山也看不到了」（16／20）。一旦發生浪高達四〇〇〇公尺的大海嘯，當然「島和山」都看不到了。由此可知，這個預言所描寫的乃是真實狀況。

對於「燃燒的星球」，耶穌形容它是「空前絶後」的，大本神諭則認爲它是「自世界草創以來不曾有過、以後也不會有」的星球。也就是說，在地球長達九十億年的歷史中，只會出現一次這種情形，因此，一定是超越造成恐龍絶跡的直徑十公里的巨大星球。屆時地球所蒙受的損害，自然比當年更嚴重……。

預言書中的具體描寫

那麼，地球會發生什麼情形呢？首先想到的，是當「燃燒的星球」撞擊地球時，火粉和撞擊的威力，會使地表立刻變成火球。事實上，各預言中都提到了火難。例如聖經：「這一天，天上發出大聲的消失，天體燃燒、地上所有的東西都被燒成灰燼。」（聖彼得的第二信3／10）

「萬軍之主説！看吧！像火爐般燃燒的日子到來了……這一天會燒盡他們，連根葉都

不留下。」（馬拉基書4／1）

「主不在之日，地上會被無情之火燒盡。主會將可怕的毀滅，降臨在所有居住於地上的人類身上。」（塞尚魯書1／18）

當然，日本預言也有相同的描述。

〈神諭〉「天上降下火雨、海上出現海嘯。」（6／116）

請注意「火雨」與「海嘯」二詞。

〈日月神示〉「地震、雷電、降下火雨進行大洗滌。」（39）

〈大本教〉出口王仁三郎在一九四五年末曾說：「真正的火雨才剛開始」。這句話所指的，是「原子彈爆炸↓第二次世界大戰結束」後的事情。

另外，真光教開山祖岡田光玉師也預告世人：「現世招致神的憤怒，世界會受火的洗禮而告滅絕。」光看「滅絕」二字，就足以令人膽顫心驚了。至於「佛教預言」，更早在二五〇〇年前，就警告世人這個世界「會因火而滅亡」。以拜火教之名在歷史上享有一席之地的波斯教，也留下了以下的預言：

「衆人看見天上的光輝增加，白熱的天上包住地面。鐵和青銅如糖般地熔化，在衆人面前流下紅色閃耀光輝的金屬。」波斯教稱此爲「末日時的熔礦清淨」。其它有關「因火滅亡」的預言還有很多，例如，可蘭經就說：「審判日（衆人）在其中燃燒滅絕，無法逃脱」。而時代較近的聖母預言，也有非常詳盡的描述……。

「就好像一切都在空中爆炸一般，大閃光非常地熱、非常地熱，你們覺得自己好像也燃燒起來似地。」

當墜落的星球接近時，「能穿透物體、帶著閃光的雲和火的風暴，從天而降席捲整個地上。這是自人類誕生以來，沒有人見過的天罰，會持續七十小時以上。」（一九五四年）

這些記載，很明顯地是在描述星球撞擊之前的情形。而所謂的「七十小時」，即意味著「黑暗的三天」。在人類歷史上，從未有過因星球撞擊而滅亡的記載，因此，這可以說是「神用前所未有的方法懲罰人類」。

聖母預言將這個「天罰」稱爲「火的洗禮」：「大天罰即火的洗禮，使你們的國家面臨悲劇性的結束。」（一九七四年），「許多人在這個解救的星球（燃燒的星球）的大火焰中死亡。」（一九七五年）

那麼，如果人類衷心悔改，是否能夠逃避天罰呢？不，一切「已經太遲了。通知審判的鐘已經敲響了。」（一九七二年）

除了上述各個有關「地球火焰燃燒」的預言外，各地民族傳承的共通點，就是當今世界會「因火而滅亡」，這的確是令人驚嘆的吻合。

最後的極移動

為了小心起見，我們再來談談地球是如何引起極移動的。

「地軸移動。一切都變得柔弱無力、無計可施。」（日月神示２４１）

「天地翻轉。」（日月神示１３６）

艾德加．凱西也作了以下的敘述：

「（二〇〇〇年～二〇〇一年之間）兩極的移動發生。新周期到來。」（８２６／８）

值得注意的是預言中的「這一年」，大致可推算出二〇〇〇年的中期為末日的高潮，此一說法與其它預言極為吻合。而從這個時候開始，「新周期（下一個世界）開始」，也與先前的預言不謀而合。

那麼，極移動究竟是怎麼引起的呢？極移動的發生，通常必須具備以下因素：①巨大彗星的大接近、②大隕石（小天體）的撞擊、③地軸自轉的平衡崩潰、④兩極的冰山過大。如果是「燃燒的星球」撞擊地球，則除了④以外，其它條件全部符合。在這種情況下，想要不引起極移動幾乎是不可能的。這樣的結果，當然會令人感到絕望、無計可施……。

由於地球在二〇〇〇年時，會受到①全面核子戰爭、②大彗星的撞擊、③極移動等災難侵襲，因此，如果有人能夠倖存，真可說是奇蹟了。

〈異議〉假若事前就能預測到這些事態，於是躲在堅固的堡壘裡，或者逃到西藏的深山内避難，應該會有很多人存活下來才對呀！

也許如此，不過我們應該從客觀的角度來探討此一事態。假設所有的核子武器按鈕，都因爲第三次世界大戰而按下，則整個地球很快就會暴露在放射能下。從這時到半減期，至少需要數萬年的時間。另外，由於受到星球撞擊，地表成爲火球，所有的森林恐怕都將燒成「木炭」。

不過最可怕的，卻是第二次災害。因爲星球撞擊而從空灑下的大量粉塵，總量達五兆噸。此外，氣溫也會下降。現在的溫度，會以全球性的規模下降三〇～四〇度。大氣污染會造成酸雨，二〇〇〇億噸的硫酸、一兆噸的硝酸，會成爲雨降落地面。這時，地球上的一切植物都會毀滅。換言之，農產品的生產量等於零。根據預測，此一慘禍至少會持續半年～一年。

燃燒的星球突破大氣層，會使原先只有三毫米的臭氧層變成零。如此一來，紫外線會直接照射地球，使海洋中的植物性浮游生物全部滅絕。大家都知道，我們所吸收的氧，是由森林（及全部植物）和植物性浮游生物所生產出來的。這些植物、生物一旦完全滅絕，人類如何能生存呢（爲了慎重起見，以上叙述以圖式化的方式來表示）？

（圖表九）

末日大變動的二次災害構圖

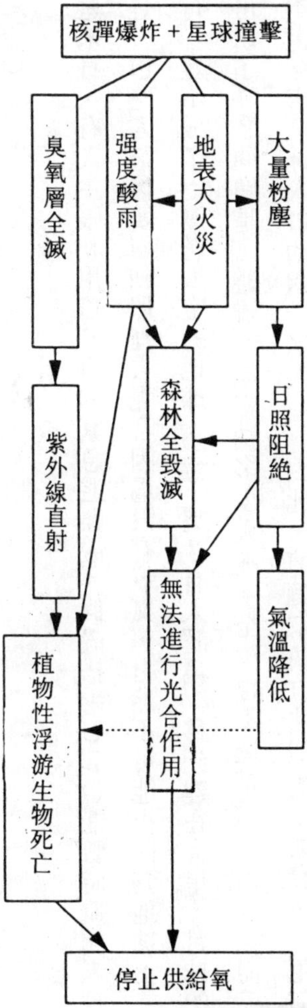

有無逃脫之路？

關於躲避末日，有人主張利用ＵＦＯ的緊急避難說。假設搭乘ＵＦＯ能暫時避開末日的懲罰，但是，這些人最後要回到那裡去呢？因爲沒有氧氣，自然不可能再回到地球上。如果持續飛行，豈不成了「漫遊太空的地球人」了嗎？有人認爲，移到建在火星、月球的避難所不就可以了嗎？問題是，避難所能容納多少人呢？至少也不過是數「萬人」而已（據估計到本世紀末全球人口約六十億人）。因此，這個解決方法似乎不太實際。更何況，並沒有非常適合人類的星球存在……。

那麼，人類究竟會發生什麼情形呢？關於這一點，聖經各預言中有以下的敘述。

「結束時刻終會到來。看著吧！那個時刻終會到來。」（以西結書７／７）

「毀滅突然到來，絶對無法逃脱。」（５／３）

「大地在主之前毀滅。世界及居住在此的人類都會一起滅亡。」（１／５）

「主說：『我會將地上所有的物、人、獸，天空中的鳥及海中的魚一掃而空……我會使人類從地面絕跡』。」（１／２～３）

「這個世界在最初七天内回到太古的靜寂中，沒有任何人生還……腐朽的世界滅

亡。」（7／30）

類似的預言不勝枚舉。而其重點就在於，「現今人類會全部滅亡」。另外，「聖母預言」中也說：

「大戰爭（第三次世界大戰）會去除地球上三分之一的人類，解救的星球（燃燒的星球）則會去除剩下的三分之二。我的孩子們哪！還剩下什麼呢？」（一九七二年）的確，屆時沒有一個人能夠存活下來。

「所到之處全是白骨。」（日月神示343）、「人民暫時完全消失。」（日月神示702）

「罪惡的世界，九分九釐處世界完全消失。」（大本神諭）

諾斯特拉達姆斯也說：「我的孩子啊！神的慈悲，在我的預言實現、人類完全滅亡之前，不吉利的時間持續著。神說：『我已破裂、撕裂、沒有任何憐憫』。」（給塞尚魯的信）

……這些都是非常晦暗的預言。那麼，人類的未來果真沒有夢、沒有希望了嗎？當然，我並不是故意要讓各位感到絶望，因爲事實正好完全相反。

黃金時代如何到來？

「請抬頭挺胸，迎接接下來會發生的事情。因爲，你們的救星接近了……這些事件發生時，就表示神國接近了……要不斷地覺醒、祈禱，才能逃離今後將要發生的一切，站在人子之前。」（魯卡傳21／18、31、36）

「時機到了。神國接近了。」這裡所謂的「神國」，是指……？

在此再來探討一下諾斯特拉達姆斯的預言。

〈R〉——

①大的七數循環到來時

②那會在大殺戮中發生

③偉大的千年時刻爲期不遠了

④死者從墳墓中甦醒

（X／74）

請看圖表六。①中「大的七數」，是指「七千年期（二〇〇〇年開始）」，②的「大殺戮」當然是指第三次世界大戰。而在大殺戮之前的「那」，到底是指什麼呢？解答的關鍵就在③與④。③所說「偉大的千年」，就是啓示錄中所說「千年王國↓神國」的到來。在『給亨利二世的信』中，記載了以下這首預言詩：「基督的紀念時，教會繁榮的第七千年開始時，爲了成就這些事……」，與諾氏的預言非常吻合。至於到來的確實日期，是在二〇〇〇年五月十八日。

③中所謂的「爲期不遠了」，應該是指「大殺戮」的時期。④是基督徒最耳熟能詳的一句，意思是指爲了接受「最後的審判」，於是「死者從墳墓中甦醒」。由此可知，②的「那」，是指在最後審判中獲准進入「神國」的人。這也就是前面所說的「空中攜舉」，是希望的燭火。現在，我們再用以下的詩句爲前詩作最後的修飾。

〈S〉——

①月支配的二〇過去了

②七千年時由別的東西繼承王國

③太陽在剩下的日子結束時

④一切都成就，我的預言也結束了

（Ⅰ/48）

①的「月」如圖表六所示，是指「月期」，「二〇」是指月期最後的「二十世紀」。

那是「過去的時刻」，接著而來的是②「七千年（期）」的二〇〇〇年。這時「繼承（千年）王國」的「別的東西」，就是指成爲「超人類」的選民們。

如此到了③「太陽（期）結束時」，也就是AD二九九九年，④「一切都成就，我的預言也結束了」。

「其後會持續出現好的時刻，由土星統治的黃金時代到來」（給亨利二世的信）。「其後」指的是末日後，「好的時刻」指的是「千年王國」，而「土星的統治」則從AD三〇〇〇年開始，這時才是真正的「黃金時代」。

談到這裡，想必大家都很累了吧？

由於末日審判馬上就要進入最後階段，因此請大家再忍耐片刻，聆聽雙方的結辯內容。

〈辯方結辯〉以上的末日說實在令人難以接受。有關世界即將結束等等說法，既沒有足以採信的事實根據，又沒有任何學問可資證明，因此無法讓人信服。

更叫人困擾的是，我們的大腦構造是，凡是不具備與過去雷同的類似資料，便無法進行適合性的判斷。但是，正如先前我曾一再强調的，今後所要發生的事，在人類史及地球史上，是絕無僅有的一次，故而自然没有資料可循。爲了說服各位，我只好提出衆人可以接受的追加資料作爲結辯。

「這件事情以前没有發生過，以後也不會發生。」（約魯書2／3）

「過去日月一向平安無事，因此無從得知。」（神諭12／138）

「這是空前絶後的世界大重建。」（日月神示345）

如果這些説明還無法説服各位，那麼我也無可奈何。現在，請各位聽聽證人諾斯特拉達姆斯的説法。

「對人類而言，未來的結局是不確定的，一切都由神的偉大力量來統治、支配。」（給塞尚魯的信）

這次的末日可説是「神的計劃（安排）」。對於這個「計劃」，神曾斷言：

「一定會成就……一定會到來……無法改變。」此外還説：

「重建的事，無法以學問或智慧來判斷。」（日月神示303）

「絶非光靠人民的智慧或學問、思考就能判斷的敷淺安排。」（大本神諭）

「衆人的心都不知道這一點，每個人都只注意到世界（世間）發生的事。」（神諭12／20）

下面就來聽聽第一審的預審判決吧！請保持肅靜。

〈公訴事實（真實）的確定〉

（加害者→真犯人）　神

（被害者）　全體人類　據估計約六十億人

（作案手法）　直接行爲　燃燒的星球撞擊地球

補强行爲　第三次世界大戰

（加害者的動機）　請參照第六章以降

（作案日期）　二〇〇〇年五月十五日（推測）

以上，第一審到此爲止。

第六章　神國到來的時刻

千年王國的到來與空中携舉

世界被火焰燃燒，從剩下的灰燼中創造新的天與地（摘錄自『失樂園』）。

首先，我們來看看耶穌所說的話。

「（這個）天地會滅亡」。意思是說地上世界會完全毀滅。

「但是我的話不會滅亡。」這句話是指什麼呢？請各位想想耶穌的開頭陳述：「時機到了，神國接近了。」表示這句話不僅不會毀滅，而且還會逐漸成就。在『事情已經成就』（啓示錄21／6）之後，「神國」會來到我們身邊。「你看，我創造了一切新事物」（啓示錄21／5），這就是「千年王國」。

再聽聽諾斯特拉達姆斯的說法（左爲諸世紀中格調最高的名詩）。

〈T〉——

①無靈魂肉體，已經不再犧牲了

②迎接死亡的日子就是復活之日

③神靈會給與靈魂歡喜

④不滅的話，如今具體化

（Ⅱ／13）

〈U〉——

①神的話，會以實質的方式給與
②隱藏於天地的神秘事項如今明朗化了
③肉體、靈、魂成爲一體，具備所有力量
④大家都臣服於在天座的主的腳邊

（Ⅲ／2）

想必各位都已察覺到，這與先前的詩句完全不同。在我看來，這是與末日預言迥異、祝福「神國」到來的詩作。其證明在〈T〉④與〈U〉①中「神不滅的話」，意思就是「我的話不會毀滅」。至於〈T〉所說的「具體化」、〈U〉所說的「實質給與」，就是「神國」，亦即聖經所謂的「千年王國」，日月神所謂的「彌勒佛世・松世」。根據許多預言書的記載，這個時代會持續「千年」。

〈諾斯特拉達姆斯〉「接著，神與人類的世界會有和平到來，安定大約會持續千

年。」(給塞尚魯的信)

〈啓示錄〉「他們會復活，與基督會共同支配千年時間。」(11/6)

〈凱西〉「最後審判時，信仰虔誠且公正的人，被主挑選出來治理千年時間。」(5755/2)

佛典〈觀彌勒下生經〉也說：「彌勒之世持續千年。」

凱西所說「主挑選出來」的人，就是前面提到的「空中攜舉」。

〈審問〉請說明「空中的攜舉」。

自古以來，主和基督徒之間都相信：「末日到來時，耶穌會乘雲而來，將虔誠的信徒們帶往空中，使他們脫離末世的患難。」換言之，這是地上的緊急避難組，而這些選民們將會成爲千年王國的居民。

〈反方質詢〉但是，如何將肉體的人類帶到空中呢?從人的觀點來看，這似乎不太合理。

這個想法本身就是一大問題。我想可能是來自啓示錄的叙述吧?「這時，來自天上的巨大聲音說道：『爬到這兒來吧!』他們聽到了這一番話，於是乘雲來到天上。」(11/12)

在此必須注意的是，啓示錄所描繪的情景，是約翰從神那兒所得到有關末日的幻像。也就是說，神爲了讓接受者約翰瞭解，於是描繪出具體的影像。因此，我們不能直接將其解釋爲事實。

第一個要考慮的現實問題是，肉體是如何被「帶到」空中的。當上升高度太高時，就會缺氧，氣溫也會降至零下數十度。這麼一來，即使稍後再度回到地面，在沒有氧（只有豐富的放射能）的情況下，肉體如何生存呢？在回答這個問題之前，各位覺不覺得自己太過於拘泥物理的肉體觀念呢？這也難怪，畢竟人類早已習慣將肉體視爲一切。

選民會發生何種情形？

「空中攜舉」一詞，是從英文「Rapture」翻譯過來的，但是在英文字典裡，恐怕找不到「空中」或「帶到」等意思。事實上，這個字的本義是「狂喜、歡喜、忘我、恍惚」，亦即近來頗爲盛行的「至高體驗」（「臨死體驗者」的至高體驗）的意思。

這和基督徒以往所接受的方式，根本上就有差距。擔任牧師的保羅・索羅門曾說：「如果你們以爲可以用福音宣傳一切、成爲教會的選民，那我只能說你們太過迷信了。」（241）

那麼，不「迷信」的真正選民是什麼樣子呢？請看耶穌的說法。

「這時祂（神）會派遣使者，從地的盡頭到天的盡頭召集四方的選民。」（馬可傳13／27）

選民不只在地（這個世界），同時也以天（那個世界）的靈魂爲對象。在末日時，「死者從沈睡中清醒，站在審判的法庭」，是以在「最後審判」中被選爲選民的死者，當然還是存在的。那麼，這些死者還能以肉體形式站在法庭上嗎？在前面的（開頭陳述）中，曾說這次「重建」是三千世界（顯、幽、神界）整個大改革，實行者是「神（上位次元者）」，而且是地球史上絕無僅有的一次……因此我認爲根本不必拘泥於肉體（世界）的有無。不過，因爲我們只瞭解、關心這個世界，所以必須用較接近的話言來敘述。

下面再用其它預言來加以確認。

「那時，死者復甦，和殘存者一起被拉到雲上，在空中與主相會。」（4／16）

有些人認爲，怎麼會有生者與死者相遇這種事呢？根據臨死體驗者的報告，他們的確遇到了已經離開這個世界，在物理學上稱爲死後（生在那個世界上）的人。由此可見，右邊的敘述，並非單純只是死後體驗的幻覺。請再看以下的敘述。

「我告訴你們真正的含義吧！我們並非全都沈睡了。在末日的喇叭吹響的同時，一切都改觀了。死人會復甦，我們會改變。當腐朽者變爲不朽，當死者變爲不死者時，聖經上的話成就了。」（給科林斯人的信I、15／51）

最後所說「聖經上的話」，是指「神國成就」。能夠進入神國的選民，只是「沈睡」而已。而所謂真正的「含義」，就是在一瞬間「腐朽者↓死者↓物質肉體」變爲「非腐朽者↓不死者」。這是什麼樣的身體呢？

「我們卑微的身體，與（神）本身光榮的身體變爲同形。」（給皮利皮人的信3／21）

這個「神本身」是指上位次元者，而人類「卑微的身體（肉體）」，也會進入同一次元（雖然有「形」，卻不是肉眼所能看到的形）。爲什麼會如此呢？

「因爲我所在之處，也要讓你們存在。」（約翰福音14／3）

句中的「我所在之處」，當然是指「神國」。在這個世界神國化以後，自然也要讓居民的肉體適合存在正，如各位所瞭解的，神國就是「那個世界」，因此就算遇到死者，也沒什麼好奇怪的。這，正是耶穌所謂「把新的葡萄酒放入新皮袋中」。（馬可傳2／22）

成為神國後的情形如何?

對此，保羅·索羅門有非常詳細的說明。

「在你們這些人當中，有的人瞬間就能改變……你們並非在此捨棄肉體，而是突然知道物質體與光體，重且濃密的物質變爲光。」（185）

物理學認爲：「物質是凍結的能量（光）」。請各位想想，當冰遇熱化爲水時，是否表示「冰消滅了」呢?不，這時冰是在特殊狀況下的水，只不過是恢復原先的狀態而已。同理，人類的肉體（物質）原本就是「光」，因此……

「肉體振動的時代已經過去，對即將迎向神旅的人類發展而言，肉體已經不適合了。因此，人類並不需要物理的肉體。」（285）

同理，到了春天時，也許水會說：「我們已經不再需要冰了。」從探討末日時期的預言當中，可知這個世界是有「保存期限」的存在。換言之，這個物理世界不可能永遠存在。事實上，單就目前而言，它就已經不再是「適合」人類的東西了。

「他們身體所需的物質全部減少，逐漸擴大進入次元當中，變化繁多，以四次元還不足以表現。」（604）

在此我們可以確認「次元」一詞，而且這個變化是在「四次元以上」。關於這一點，凱西曾說：

「（現在的）地球所在的太陽系，只不過是三次元（空間）的表現而已。那麼，整個太陽系到底有幾個次元呢？總共有八次元。」（5757/2）

所謂「地球只不過是三次元（空間）的表現」，即意味著太陽系是唯一存在三次元生物的星球（根據神秘學的說法，在地球以外的行星，也有三次元以外的智慧生命體存在）。

日月神示的看法如下：

「大地轉位，天也轉位。」（五葉之卷15）那是什麼情形呢？

（圖表十）

預言說明神國到來

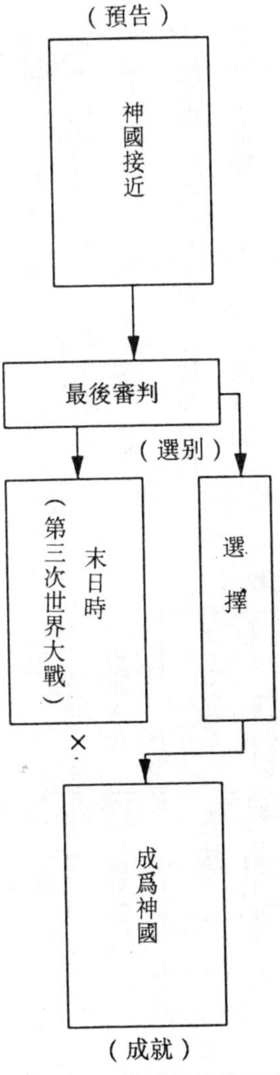

「八方地上成爲十方地上，總位置轉動、物質和念也隨之改變。」（至恩之卷14）

「八方地上」是指東西南北及其各中間方位，亦即「平面軸」，「十方」則是加上「上下」，轉爲「立體軸」，在此也暗示次元上升，因此……

「肉體不再是會化爲灰燼的肉體，而是不會受到原子彈或氫彈爆炸損害的肉體。這個不會受現今物質所製造的任何物體影響的新生命，會持續生存。」（五葉之卷16）由於物質只能給與物質影響，因此由右邊的叙述可知，身體已經成爲超越物質的存在。

換句話說，選民們並非物理的肉體被提舉到空中，那只是一種迷信。

（圖表十一）預言用語比較

聖經系統	末日的患難	結束時	最後審判	挑選	神國（千年王國）
日月系統	大掃除	大峠	身魂改造	靠近	松世 彌勒世
	重建			重新建立	

「各位必須瞭解，這個世界會逐漸進入較高階段。屆時，人會在瞬間改變次元，他（大家）能在空中與主相會。」（索羅門241）

「如果不能新生，就無法看到神國。」（約翰福音3／3）

「神國」究竟是什麼樣的世界呢？請容稍後再詳加說明，在此僅以圖表十作爲參考。

臨死體驗有其意義

〈論告〉總括來說，現在的肉體會不會死亡？會的。不論選擇那一條路，肉體終究會死亡。正如先前所言，地球本身會變成現今肉體無法生存的環境。對此，（日月神示）也有詳細的敘述。

「任何事物都會被拉回天地。」（36）

「殘存者也會死亡。死了以後才能復生。」（38）

「地上界全都會改變。人且死後復生。」（星座之卷8）

「人民會先死去。死了以後才有復甦的時刻到來。請脫下以往的外衣。」（同右）

「脫下外衣光裸著身體。不脫下便無法穿上新衣服。」（667）

「當大掃除熱烈進行時，世上人民全都呈現假死狀態。掃除結束後，只有有因緣者才

能被提舉上來，成爲微觀世界的子民。」（紫金之卷4）

到目前爲止，仍然有很多人堅持擁有肉體才有意識，但事實真是如此嗎？由臨死體驗者的報告可以知道，雖然肉體死了，但意識並未消失。其結論是，肉體（也就是大腦）只是個人意識專用的接收機而已。

這就好像電視的映像管壞了，只是映像管無法接電波而已，負責放送的電波本身並未消失一樣。如果肉體是AM放送專用的接收機，那麼這次的改變，只不過是轉換爲周波數較高的FM接收機罷了。

「死，是發生在不同居住階段的現象。死就是生。」（日月神示617）

「死了以後才能復甦。」（日月神示至恩之卷12）

〈審問〉那麼，選民什麼時候會出現呢？

對此，前著的結論是在「末日之前三年半」。不過在此我要鄭重向各位道歉，因爲真正的時刻我並不知道。基本上，選民是以生者和死者爲對象，而且生者一定要先死過才行，所以不必堅持到末日（這並不表示死者就能獲得優待，「審判」是絕對公正的）。換句話說，沒有人知道何時會被選爲選民。耶穌也說：

「沒有人知道那個時候是什麼時候。天上的使者和孩子們都不知道，只有父親知道。

請注意，因爲這個時刻何時到來你們都不知道。」（馬可傳13／32～33）

這段話很明顯地是以個人爲對象。

另一方面，日本預言也表示：

「衆人雖不知在何處，卻令自動向日月靠近。」（神諭16／36）

「世人所有的人，會在某個不確定的時日被帶走。」（神諭16／22）

句中的「帶走」，並不是說這些人的肉體會在空中飛舞或消失，但在一般人看來和死亡沒有兩樣。這是魂（意識）的問題，從外觀很難理解。至於努力活到最後的人，被挑選爲選民的時刻，如聖母預言所說是在「黑暗的三天」（二〇〇〇年五月十二日左右）開始前。這也就是進行「最後的審判」，區別選民與非選民的時刻。值得注意的是，諾斯特拉達姆斯曾說：

「根據主所告訴我的，努力活到主來臨時的人，未必擁有比沈睡者更優先獲選的特權。」（給達沙羅尼開人的信Ⅱ4／15）

也就是說，死者可能反比最後活下來的人更優先獲選爲選民。因爲，根據神秘科學的說法，「三界」是「愈往上行對萬事的反應愈快」（日月神示３３１），亦即在時間方面，死者比在下界的人更爲充裕。

選民能避開災害

〈審問〉那麼，活到最後的選民，會遭遇末日的患難嗎？

我的答案是，即使不遭遇患難，也不會妨礙其成爲選民。前面說過：「要不斷地覺醒、祈禱，才能逃離今後將要發生的一切，站在人子之前。」

這裡所謂的「站在人子（耶穌）之前」，是指在被挑選爲選民時。因此，這些人「能夠逃離今後將要發生的一切（末日的患難）」。

「倖免於難的人能夠獲得解救，並且看到我的解救與世界末日。」（以斯拉記Ⅱ8／14）

句中「倖免於難」的難，即右邊所說的患難。這些人同時還能「（以第三者的眼光）獲得赦免、解救，並看到末日。」

「當地球發生劇變時，你們（選民）的意識會逐漸上揚，從雲間看到（這個地上）所發生的事。」（索羅門371）

在「地球上發生的事」就是末日的災難。正如右邊所述，選民可以從雲端看到末日時的災難。

「當地球再度發生變化時，除了選民以外，能夠得到引導而避開災難的人屈指可數。」（凱西3653／1）

總之，選民在災難時期，能夠離開這個地上。

「在萬一的時刻，神會將臣民帶到天界。」（日月神示99）

這段話意思已經非常清楚，不需要再多作說明了。

由以上敘述可知，「千年王國」的居民們，在發生第三次世界大戰→燃燒星球的撞擊→極移動的階段，已經不在地面上了。真是可喜可賀。

〈審問〉那麼，真正的挑選在何時進行呢？

坦白說我也不知道，不過有關這方面的暗示還是有的。例如，諾斯特拉達姆斯就說：「拜神之賜，新周期（太陽期）會加速到來。」這個太陽期就是「千年王國→神國」。加速到來的太陽期開始的時期，是在「一九九九年十月」。至少，從這個時候開始，選民已經取得神國的居留權。那麼，挑選是否就是從這個時候開始的呢？不，這些人在更早的階段，就已經成爲被帶到天上的身魂了。

「有緣者才能得到神的救助。」（日月神示343）只是，

「有的人是在活著時獲救，有的人則是在遭殺害後獲救。」（右書紫金之卷4）

由此可知，提早離開這個世界的人，與一直努力站到最後的人，都可能成爲選民，一切端賴身魂本身的因緣。

「分爲在現世發揮作用的身魂，在重建國所使用的身魂，及被神帶走的身魂……」（大本神諭）

句中的「重建國」，並非在世界地圖上的國家，而是指在三千世界中的國（參考圖表五）。在此，我認爲應該是指「幽（界）國」。今將其整理叙述如下：

①留在這個世界，完成本身任務的人

②肉體已經死亡，以幽界身魂助人的人

③被帶到神界，等待時機的人

選民大致可分爲以上三類。其中，以③的身魂來說，是：

「這次的場所，是人民所不能到之處。」（大本神諭）

所謂「這次的場所」，指的應該是神界。現在的我們死後，只能到達幽界的程度，因此「是人民所不能到之處」。那麼，在末日之前「三年」就被選中的人，情形又如何呢？因爲這次「重建」的範圍不只是這個世界而已，也包括幽界在內，所以必須先進行顯、幽兩界的「大掃除」，才能到達神界。

打開岩戶的先發部隊

總之，被選中的身魂：

「被帶走的身魂，必須先在天上改變之後才能帶走。」（日月神示348）

「（這些選民）能夠免於先前所說的危險，在我的地方和領域獲得解救。」（以斯拉記Ⅱ9／8）

到了末日時則完全相反。

「天使靈宿於母體，成爲人民而誕生。」（日月神示龍音之卷3）

也就是說，這些人在末日時，具有拓荒者的重要作用。具體而言，就是成爲①「在現世發揮作用的身魂」而被送來。這一組的人，負有：

「打開岩户的任務。」（日月神示18、大本神諭）

「打開岩户」先前已經說明過，在此不多作贅述。至於「關閉岩户」的，多半是使世界面臨末日的人。也許他們的真正目的，是要毀滅世界上的政治、經濟及其它的一切系統吧？畢竟，這個世界的終結乃是神的計劃，亦即「既定方針」。

因此，凡是自稱爲救世主的神或教祖出現，應該都是惡靈。爲什麼呢？因爲他們的目的，是使這個物理的世界「終結」……也可以說，他們除了這個世界以外，再也沒有其它存在的場所。希望永遠待在物理世界的，是這些從上次元被趕走的惡靈。

至於「打開岩户」的人是誰，我們不得而知。可能是對這個世界的次元飛翔負有某種任務，或是支持挑選選民的人吧？

〈審問〉負責「打開岩户」的人有多少呢？

「神派遣三名御靈，成爲三人世元。」（大本神諭）

「原先有三人，其下七人，再其下有七七·四十九人，合計五十九身魂來完成此一工作。」（日月神示13）

「真實勤勉的人衆，十人心由神接收。」（神諭6／18）

右邊所說的「十人」，應該是三人加（其下的）七人吧？

這些人是誰呢？沒有人知道。也許就在你的周圍……也許你就是其中之一哩！

話題似乎偏離了「挑選」這個主題……。

當然，光靠挑選並不能解決一切。以目前來說，將身魂（神界↑顯界）往上拉的上升方向，便是一大問題。那是因爲，在另一方面還有往下降（幽界↓顯界）的另一個世界的人（魂）。爲什麼會發生這種現象呢？因爲，神在對幽界進行「大掃除」時，屬於「神國」次元提升的「新物質界」的幽界，便成了一座「空屋」。請看圖表十二。

對此，日本預言有很詳盡的描述。

「愈輕者愈能往上。一切都按照安排，臣民不用擔心。」（日月神示３４３）

句中的「輕」並非指體重。以下全都是從靈魂的角度來探討。

「人或從天而降、或升上天，忙碌於升降之間。」（日月神示１１５）

「人升上天」是指選民，「人從天而降」則是指幽界人下降到這個世界的次元。

「由於善惡重建，上身魂與下身魂使世界異常混雜。」（大本神諭）

當然，幽界人不全都是下降組，也可能被選中而上升到神界。

（圖表十二）
神國的新物質界

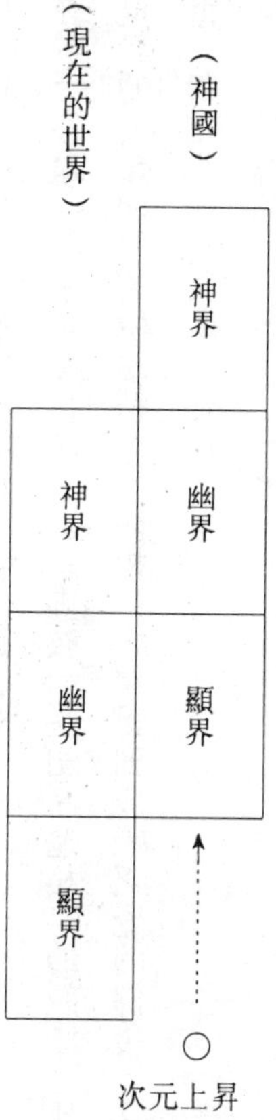

「以往的道路改變，趕緊走向往還之道。」（神諭4／70）

「今日之日不可知，往還但看明日。」（16／33）

關鍵在於「往還」二字，源自淨土宗系佛教「往相、還相」的說法。比較單純的解釋是：物理世界的人類朝佛的境地精進（往相），在得到成等正覺的佛後，又爲了普渡衆生而降臨現世（還相）。將其圖示化如左：

（往相）天→地　　（還相）天→地

右邊的往還與先前的「上下異常混雜」意義相同，指在肉眼看不到的世界形成大混亂。（參照圖表十三）

（圖表十三）
往相與還相

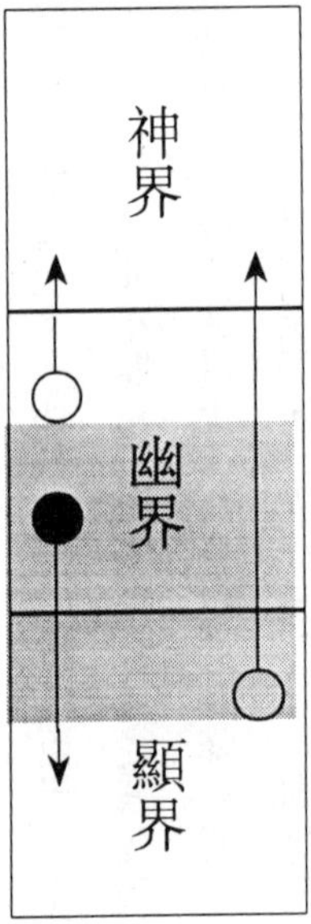

心靈風潮是末日的前兆

〈審問〉下降到物理世界的幽界人情形如何呢？

這是一個很難回答的問題。既是幽界人，自然不具有物理的肉體。因此，如果想在物理世界裡做事，就必須依附在這個世界人類的身上使用其肉體。令人困擾的是，下降的魂多半是水準較低的一組，其數量一旦增加，將會給這個社會帶來許多問題。以歐美爲例，近年來就出現許多殘酷的犯罪行爲。根據啓示錄的說法，這是因爲「惡魔知道自己的時間所剩不多，於是懷著盛怒下降到這個世界來」。（12／12）

另一方面，某些具有高度智慧的罪犯，則操縱屬於靈媒體質的人，成爲新興宗教的神。耶穌早在二〇〇〇年前，就預告在末日接近時會有這類人物出現。「許多人會侵我之名出現，自我基督以蠱惑世人。」（馬太傳24／4）

根據最近接獲的情報，光是在美國，就有近二〇〇〇人自稱爲基督（救世主）。此外，日月神也提出强烈的警告：

「靈障徘徊的時日到來了。」（日月神示659）

「黎明之前，靈障任意徘徊，胡作非爲。」（同右、星座之卷18）

「透過靈媒召喚到這個世界的靈，百分之九十九是邪靈。」（日月神示561）

「與靈人說話非常危險，請注意。人要和人說話。」（日月神示529）

不斷地提出忠告要我們注意。

根據『大本神諭』的說法，這次的安排「連神界的神也不瞭解」。也就是說，「很多神都不知道『此世今後的發展如何？』」。因此，「對重要的安排一無所知的神，反而重建世界的阻礙。」

這是非常可悲的現象。神本來就是在「上」，而對顯界的人而言，幽界也是屬於上界層。而這次的「安排」，是由更上位的神所策畫的，在低位的幽界根本無法窺其全貌。所以，存在於幽界的「神祟」，大多會阻礙神的安排，這也正是造成當今混亂情勢的關鍵。

現在，我們再來看看耶穌所提出的警告。

「這時，如果有人對你們說：『看哪！基督（救世主）在此。』『看哪！就在那兒。』千萬不要相信。這只不過假基督、假預言者蠱惑選民的伎倆罷了。」（馬太傳24／23～24）

總之，各位只要想：宣稱自己是神或救世主的教祖們增加的現象本身，即是世界末日接近的證明，就没錯了。

第七章　生存於神國的條件

重建神國

〈審問〉但是，爲什麼「末日」一定要來呢？

末日的真正目的並非「結束」，而是如〈開頭陳述〉所說的，是爲了「神國的到來」。因爲，這是神的計劃（安排）。其中的道理，就好像在蓋一棟現代化的大廈之前，必須先拆掉老舊的小屋一樣。至於爲什麼非重建不可，請看以下的分析。

首先，這次重建，是將三千世界（顯幽神三界）全部「重建」的神的偉大「安排（計劃）」。有關詳細內容，日本預言有其獨特的解釋。在此要提醒各位其所使用的文字。對於「重建」，『大本神諭』將其解釋爲「重新建立」，使用了「立」這個字。「立」字是什麼意思呢？天理教預言中有很奇妙的解釋：「成立，一切要成立；靠近，所有的事情全都會靠近，在一列中打開門扉，完全轉變。」即使是教會內部，也想破了頭，試著要爲這段預言找出合理的解釋。根據我的看法，靠近即代表往上拉，打開門扉即代表岩戶大開。是以所謂的「完全轉變」，即如〈開頭陳述〉所言，是指「三千世界一旦打開，梅開用松治理的神國之世」一定會到來。

「重新建立」的「立」字，意味著三千世界是立軸世界。一般所謂的大改革，通常是以社會性（橫軸→地球上的世界）爲主。但是神世界思考的角度，與物理世界整整差了九〇度，是涵蓋三界（顯幽神）世界的立軸思考。換言之，這裡所說的世界，並非地球儀上的世界。預言是神次元的管轄，因此，我們所能做的，只是朝「立」前進而已。

神國是什麼地方？

那麼，所謂的「成立相合」又是什麼意思呢？按照神的思考方式來解釋，就是指立軸的三界世界會「相合→合體」。這怎麼可能呢？甚至我也這麼認爲。但既然神這麼說了，我們也只好來檢證一番。天理教有「世界會平均」的預言。這個「世界」，當然是指「三千世界」，而「平均」則是指「立軸世界均等化」，意思與「成立相合」完全相同。

也就是說，當「立會→天地合體」完成時，「這個話（預言）全都能夠成就」。爲什麼呢？因爲這正是神諭的主旨。另外，聖經也說：「神會讓在天在地的一切，全都回歸於基督。」（以弗所書1／9）

如此一來，天（那個世界）與地（這個世界）就能合爲一體了。

接著再來看看大本、日月預言。

兩者一致認爲「三千世界會合而爲一」，大本神諭更明白指出：「因爲天地世界是平均的，故重複以往的行爲會招致大失敗。」「當今雖非天地合一之世，但（今後）將是天地一致進行統治。」

「三千世界一度大開、世界一列一平，由一種天使來治理。」（日月神示347）

總之，這並非橫軸（社會階級）的平均化。就目前來說，三界分處於不同階層，是完全沒有交流的世界。靈能者所能做的，只不過是窺探幽界的入口罷了。但在「神國」，卻是「天（那個世界）與地（這個世界）合而爲一進行治理。」簡單地說，就是「這個世界那個世界化」。

「新人民居住處，有靈界與現界兩面。」（日月神示星座之卷11）

那麼，在那兒的人是什麼姿態呢？

「物質界爲靈界的複製，在靈界與現實界，靈與體幾乎是同樣的形。」（日月神示二日卷）

但因靈界完全没有物質的限制，故：

「靈界是無限、絕對、自由自在的。」（右書同卷）

這就是「神國」。

以在物理世界爲例，想到夏威夷去時，不可能瞬間就抵達夏威夷。包括辦手續在內，至少也要半天的時間才能抵達當地。但，如果是幽靈的話，情況就不同了。上位次元的存在，只要心念一動，立刻就能出現在任何想去的地方。而今後的世界，就是這樣的世界。

以圖式來說明，就是「神國」的次元提升了一級，以往的「體（顯界）」的世界，晉升到「心（幽界）」的水準。是以只要產生到夏威夷去的念頭，立刻就會出現在夏威夷。總之，東西預言異口同聲地告訴我們，當天與地合體時，人類可以與衆神（上位次元者）一起生活。」

在這個世界，神是肉眼看不到的存在；但是在接下來的世界中，人卻能直接與神見面、交談。另外，索羅門的預言也告訴我們：

「在做好準備，成爲選民以後，會出現一種異象。你能看到周圍的靈。」（8033）

（圖表十四）
神國的樣子

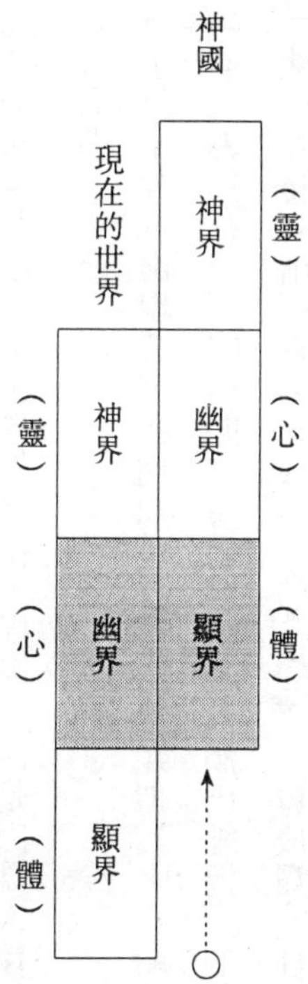

「看到周圍的靈」並不表示本身的靈視力提高，而是因爲人類與神同次元的存在，這就是所謂的「一種異象」。

「當他（基督→神）出現時，我們知道自己與他類似。」（給聖約翰的信Ⅰ3／2）

「類似」不代表具有相同的形態，而是意味著人類已經提升到與神相同的次元。預言還指出，在「他（基督）出現時」→AD二〇〇〇年，會成爲這樣的世界。

誰是神國的居民？

「在新靈界創造出神人。」（日月神示699）

「神與人合而爲一，成爲一個王。上下合而爲一。」（日月神示499）

「神與人都成爲神。」（日月神示479）

各位只要相信人會成爲神就可以了。在這點上，西洋預言也有相同的看法。

「地上會變得如同沙漠一般。神與人和平、和解的時刻將會到來。」（拉・沙列多的告知23）

「看哪！人與神在神的幕屋中共處。人爲神民，神爲人民拭去眼中的淚水。」（啓示錄21／3）

「神與人共處」所代表的是「神國」。由於神是居住在比物理世界更「上位次元」的存在者，因此，當次元上升到其次的世界時，

「當世界重建時，臣民成爲這個世界的神。」（日月神示341）

「新的世界是指没有神的世界，人、神共存的世界。」（日月神示365）

這就是所謂「超人類」的誕生。所謂的「超」，非指現在的肉體或大腦超級化。

「世代不同，以前不曾有過的事都發生了。」（大本神諭）

這是指人類誕生不同的存在次元。在那兒的神，

「漸漸能夠看到罕見的人。」（神諭4／10）

句中的「罕見的人」，就是超人類。也就是說，在神的次元裡，能看到這種人類。

不過，這種人類目前還在「孕育」的階段。

「孩子和一寸的人都不存在，故而許多想法無法瞭解。」（神諭4／87）

這裡所說的孩子，並非一般人類。

「以往所有的道路都通了，現在開始嚐試帶屋的幫助。」（神諭7／40）

「帶」是指「腹帶」，幫助是指「幫助嬰兒生產」。初期教會的元神，是「祈求安產」的神，「爲了幫助三千世界而從天而降」，其作用就好像助產士一般。安產神是範圍

廣大的存在，而這次幫助在人類史上，可說是首次嚐試。那麼，其真正意義是什麼呢？生產是指「新人類誕生於這個世界」，以神的水準來說，這個新人類應該不是由女性生下的個別嬰兒，而是指未來的「超人類」。在必要的時候，神會幫助其誕生。這是我個人的看法，但不知各位意下如何？在此要提醒各位，就算是神本身，也有「很多不瞭解之處」。

神國居民與神的關係

〈審問〉先前你說的「神」，就是人類進化後的姿態嗎？

不，堪稱爲真神的存在，是比現今人類更高一個進化期（或以上）的靈生命體（次元上升時，神存在不具有物理的肉體）。總之，這些神並不是在遠古時代、在地球上進化的神魂。聖經曾明白地指出：

「第一人從地上出現、第二人從天而降。」（給科林斯的信Ⅰ15／47）

句中的「第一人」，當然是指我們地球的人；「第二人」則是從天而降的衆神——二者分別來自不同的系統。也就是說：

「你是由下出現者，我是由上降臨者。你是這個世界的人，但我並不是這個世界的人。」（約翰福音8／23）

具體而言，人類是這個世界（地球）的進化者，但我（神）卻不是在這個地球飛翔的人。很明顯地，兩者是屬於不同的進化系統。

再來看看保羅・索羅門的預言。

「希望各位瞭解。當居位在地表的人類幾乎都不存在時，由教師或長老等訓練者進行新時代指導的時代來臨了。對新時代的新人類而言，他們就如同神一般。」（898）

這裡所謂的「新時代的新人類」，就是被挑選出來的選民。對這些新人類來說，新世界是一個全新的環境，因此「需要幫助。許多來自其它世界的魂……高度進化的魂，被派來擔任老師。」（185）

由此可知，神是「來自其它世界的魂」。至於是來自異次元世界或其它星球，那就不得而知了。因爲不是物理的生命體，所以實質上是相同的。總之，爲了輔佐新的地球人而來的，並不只有一個人，而是「許多高度進化的魂」。這些魂就是宛如基督（救世主）的存在。前面說過，救世主並不是將人類從「世界末日」中解救出來的神。對此，僅以諾斯特拉達姆斯的預言來說明。

〈V〉——

①由天使子孫支配的時代來臨了

②他們利用和平聯合統治王國
③封住反對者的反抗
④使和平維持長久

（X／42）

①中的「天使子孫」，是指「來自其它世界的救世主們」。這些堪稱爲「天使族」的神，支配新人類，形成和日月神示所説「由一種天使來治理（注意，是「天使」而非天皇）」的時代。至於②的「王國」，則是「千年王國」。因爲是「利用和平聯合統治」，結果便成爲④的世界。

此外，諾氏在新近被發現，未曾公開發表過的預言詩中，也有以下的叙述。

〈W〉——

①第二個千年期就在這個世紀改變時
②王了於雷鳴中出現在衆人面前
③戰爭與疫病之罪、瓦礫之罰
④魚在長眠之後恢復活力

②的「王子」是指基督（救世主）。值得注意的是，①指出了他「出現（神國到

來）」的時刻，是在「第二個千年期改變時」，也就是AD二〇〇〇年。而④中的「魚」，乃是初期基督教會的象徵（雙魚座），實際上就是指耶穌基督。在此也暗示著，耶穌再臨→神國成就。

神國的樣子

〈審問〉請具體說明「神國」是什麼樣的地方。

神國首先令人注意到的，是充滿了光輝。

「神國是光之國、喜悅之世。」（日月神示302）

「新的臣民體發出光芒，藉此光芒瞭解其職務。」（日月神示148）

「草木、人民、山海都發生光輝，從中形成閃耀生輝的穩定世界。」（大本神諭）

「如水晶般晶瑩剔透的物體出現，使惡身魂無所遁形。」（大本神諭）句中的物體就是「神國」。

「當到達真實的本道時，可以依賴陽氣。」（神諭4／77）

「世上一切皆清澄明淨，過著充滿陽氣的生活。」（神諭7／109）

這裡所說的「陽氣」，是指「光的世界」，而陰（地）氣已經消失。西洋預言也有類似的說法。

「這時，衆人在父的國度裡，如太陽般閃耀光輝。」（馬太傳3／39）
「他們在如王冠上寶石般的主的土地上，綻放高貴的光芒。」（季卡利亞書9／16）
「清醒的人如大空的光一般閃耀光輝、解救許多的人閃耀光輝。」（丹聶爾書12章）

也就是說，所有的人都好像宗教圖畫裡的聖人一樣，全身散發出氣及光輝。從另一個角度來看，就是大家的周波數上升、能量值提高了。因爲，物理學所謂的「次元世界」，就是「能量值的階段界層性」。那麼，這是否就是次元飛翔的實態呢？至少，這不是在當今物理世界延長線上所能想像的光景。

在預言者的心目中，新世界是：

「物完全不同」「嶄新之世」。（大本神諭）
「天地完全改變。」（日月神示170）
「未來的王國，會出現迥異於往常的形態。」（給塞尚魯的信）
「此事（神國）開始時，也就是物理變化出現時。」（凱西364／8）
「一個你們所不知道，人心完全無法想像的新地球、新天，將在黎明時出現。」（索羅門831）

在在强調出其具有衝擊性的變化。

「衆人聚在一起，享受上天的給與。」（神諭4／12）

對衆人而言，新世界就是「天（神國）的給與」。

在這個世界裡，人的壽命會大幅延伸。

「世界改變、生命延長。」（日月神示、大本神諭）

「身體重新恢復年輕。因爲身體已超越地及其影響力。」（凱西262／85）

不過，這並不表示已成爲不死之身。前面說過：

「新人民居住處，有靈界與現界兩面。」（日月神示星座之卷11）

這是一個看似一隻腳仍踏在物質領域的世界。換言之，如果神國是在二樓，那麼目前就是還在登上二樓的樓梯上。

「因爲移行到半靈半物質的世界，所以必須成爲半靈半物質的肉體。」（日月神示五葉之卷16）

這個「半肉體」和我們的身體完全不同。

「在那兒沒有年輕早夭的人，全都是老年長壽者。百歲者算是年輕人，未滿百歲即逝者被視爲遭到詛咒。」（以賽亞書65／20）

關於長壽問題，出口王仁三郎在其預言中表示：

「人類的長壽最初爲二百歲，然後爲四百歲、六百歲。」那麼，接下來的情形如何呢？請看『神諭』的預言。

「救助者定命爲一百一十五歲。」（3／100）

「救助者」當然就是指選民，而且是從一一五歲開始。

「其後不病、不死、不弱，心始終長存。」（4／37）

因爲「不病不死」，所以想活多久就活多久。那麼，再下去又是什麼情形呢？

「即使經過綿長年限，也沒有人會衰老。」（4／38）

意思是說身體不會衰老……其結果是擁有「不死之身」。而在「經過綿長的年限」後，會進入完全的「全靈無物質」時代。

「從物的世界到靈的世界，到無限世界，進而給與無限的生命。」（日月神示66）

「居住在地上的人心會改變，產生新的感覺。」（以斯拉記Ⅱ6／26）

對此，西洋系統强調的是「正直者進入永遠的生命」。（馬太傳25／46）

「他們再也不會死亡。他們是天使，是復活之子、神之子。」（魯卡傳20／36）

「再也沒有死亡、悲傷、叫囂或痛苦，過去的已成過去。」（啓示錄21／4）

「不再有死亡、毀滅，也不會缺少麵包。」（以賽亞書51／14）

「疾病消失、死亡匿跡、地獄遠離、腐敗遭人遺忘。」（以斯拉記Ⅱ8／53）

「往上走的人全都是光的存在，是與父神同樣神聖的存在，也是以當今次元無法想像的偉大高貴者。」（所羅門215）

昔日，日蓮上人也曾作過以下的預告：

「（人類）得到長生之術，人法會有不死、不死的理現。」

這真是可喜可賀的事。

超乎想像的夢國

那麼，這個世界何時會實現呢？神國會持續「千年」，而王仁三郎的預言也說：「壽命爲四百歲、六百歲……」，合起來就是經過一〇〇〇年。

啓示錄認爲，這個千年期結束時，就是「第二次最後的審判」到來的時期。在這之後，「我又看到了新的天與地」（21／1）。因此我認爲，真正的次元上升是從這個時點開如。千年王國本身，可能只是新天地到來的過渡期（到達二樓之前的時期），故稱爲

「半靈半物質世界」……。

話題再回到神國初期的階段。選民們在此過著什麼樣的生活呢?我們很難想像。

「人民完全改變了。這次重建,意味著連食、衣、住也改變的時期到來了。」(日月神示星座之卷10)

「成爲神以後,再也不必擔心食物、衣著及居住等問題。」(日月神示294)

「他們不會飢餓、不會口渴。」(以賽亞書49/10)

「吃」原本是爲了補給肉體細胞足夠的營養,既然肉體在物理上已經不存在,自然也說不需要吃東西了。

「没有大、小便,成爲没有不潔物的世界。」(日月神示326)

既然不吃東西,自然也就没有排泄物。

「當我們所住的地上的幕屋毀壞時,神已經爲我們準備好了永遠的家。」(給科斯人的信Ⅱ5/1)

「在高處的都市,並不是由人手築成的建築物。」(以斯拉記Ⅱ10/54)

因此,人類無法重建已遭破壞的世界(地上的幕屋)。原先的物理世界,只好放任不管。而新的世界:

「成爲不需要金錢的快樂世界。」（日月神示4）

既不需要衣食住行，當然也不需要錢了。

「沒有警察。」（日月神示406）

沒有誘人的錢財，也就不會有騙子或盜匪出現。

「以往的長者乃指有錢人。如今長者一夜之間倒下，新的長者與此完全不同。」（天理教　正文遺文）

也就是說，在新世界裡，「魂長者」才是真正的長者。

「世界合而爲一。」（出口奈奧頂言）

「世界合而爲一」的意思，是指全世界都使用共通語言。我想，可能是利用心電感應來溝通吧？

「岩石大開時，沒有政治，也沒有宗教。」（日月神示632）

「在神國不需要人民的政治。」（日月神示411）

「復活時，他們不需要結婚。」（馬太傳22／30）

意思是指「復活時↓神國」內沒有婚姻。就某種意義而言，這是相當合理的。因爲，婚姻生活其實就是繁衍子孫的SEX行爲。既然不再是物質肉體，千年王國也就沒有人口增加的問題（因爲進入神國的魂全都是被挑選出來的選民，而啓示錄20／5也說：「在千年結束之前，其餘死者無法生還」，故人口不會增加）。總之，

「以往所有的事情都不需要了。」（日月神示339）

一個不可思議而又值得慶幸的世界到來了。更令人興奮的是，這是「六年後（以降）的世界」。各位或許很難想像，但可以確定的是，神是這麼告訴我們的。

有多少人能留在神國？

〈審問〉我已經大致瞭解了。不過，現在的人類不可能全都進入「神國」吧？

的確，這是最痛苦的部分，但也是最偉大的部分。當自己無法進入時，一切就毫無意義了。因此，便產生了本書的主題：「什麼樣的人會獲選？」「該怎麼做才會被選中？」因爲這是各位最關心的問題，所以筆者特地把它留到本章最後才來探討。

當物理世界呈現末日慘狀時，完成次元飛翔的選民組也接著到來。不過，他們已經高次元化，和物理世界似乎沒什麼關係。

「成爲不會化爲灰燼、不受原子彈、氫彈爆炸損壞的肉體。」（日月神示五葉之卷16）

這些半靈半物質的新人類，會陸續回到重建後的「神國」。但因爲很多人消失了，所

以：

「重建後的世界變得更寂寥了。」（日月神示五葉之卷341）

「世界縮小，只有一些人能存活下來。」（給塞尚魯的信）

「並非這個世界的人全都能夠獲救。」（以斯拉記Ⅱ8／41）

「高處的（神）爲許多人建造了這個世界。但是，接下來的世界，卻是只爲某些人而建造的。」（以斯拉記Ⅱ8／1）

「落選者居多，中選者較少。」（馬太傳22／14）

很遺憾地，能夠進入神國的人並非多數派。那麼，到底有多少人能夠獲選呢？

「當二人出現在田園中時，一人中選、一人落選。」（馬太傳24／40）

這是比喻二人中只有一人會獲選，但實際數字可能更少。

「世界人民三分化。」（大本神諭）

這個「三分」，就是「三成」的意思。

「什麼都成爲原來的三分之一。在大掃除中剩下的三分之一，進入新的世界。」（日月神示扶桑之卷7）

句中的「三分之一」在聖經中也經常出現，意思與先前的「三分」相同。也就是說，有三○%會成爲選民。但是：

「本世的守護神、人民之心，獲救的身魂不到三分。」（大本神諭）

「剩下的臣民不足三分。與其說三分，還不如說是二分。」（日月神示293）

換言之，數量會減至二○%，亦即每五人中只有一人能獲選。據此推算，假設到本世紀末爲止全球人口有六十億，那麼獲選爲選民的就有十二億人了……但事實並非如此。

「臣民不單來自人間界，也來自神界、幽界。」（日月神示338）

也就是說，這次「三界」重建所挑選的二○%，除了人類以外，也包括死者（那個世界的魂）在內。那麼，二者之中何者獲選較多呢？這點我不得而知。基本上，這項選拔是採「得分制」，而非像入學考試那樣採「定員制」。假設合格標準是九○分，當全世界有五成人口得分在九○分以上時，錄取率便爲「二分之一」。但考慮到還有來自另一個世界的魂，因此最後必須「減去一成」。

當然，根本的關鍵不在於機率有多高，而是你能不能獲選。

第八章　魂的千年王國

至福一〇〇〇年後的選別

〈審問〉沒有成為選民的人會怎麼樣呢？

正如啓示錄所說的：「在千年結束之前，其餘死者無法生還」，亦即無法「轉生」到千年王國。這些人既失去了肉體，又無法再轉生到物理世界，最後要到那裡去呢？這就是意識（魂）的問題了。

至於意識會如何，我們無法一概而論。為了便於想像，我以圖解的方式來說（稍後再詳加說明），因為除神界、幽界以外已經沒有其它存在，故三界成為神國與幽顯界（請參照圖表十五）。

（圖表十五）
能到神國去的人與不能到神國去的人

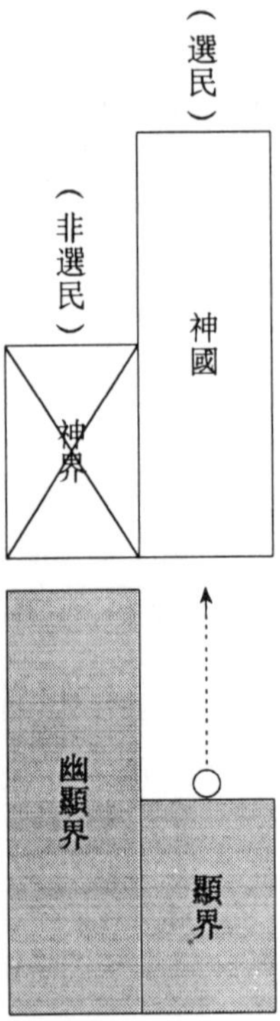

接下來的問題是，如何在新的「幽顯界」度過一〇〇〇年。方法大致有以下三種：①維持純意識在幽界上層精進、②成爲幽鬼徘徊於幽顯界、③進入無意識的恍惚境界。經過一〇〇〇年後，情形又將如何呢？根據（啓示錄）的說法：

「千年期間結束後，撒旦從地獄中解放出來。」（20／7）

此即意味著地獄的釜蓋打開。

「死人按照本書（生命書）所記載的接受裁決。」（20／13）

亦即在此進行最後的選別。這就好像去年落榜的人，今年捲土重來一樣。當然，誰也不敢保證這次一定能獲選。不幸再次落選的人，被稱爲「第二死」。

「按照神界的規定，在第二次的重建中，靈魂會掉落萬古末代的根國、底國。」（大本神諭）

此處的「根國、底國」，就是「地獄」。

「不只是肉體，連魂也化爲無。」（日月神示439）

指「魂→個人意識」全都成爲無。

「不只是臣民，連神也會變爲無。」（日月神示100）

由此可知，三界重建的規模之大，遠超乎我們的想像。那麼，在個人意識變爲無，没有轉生之核之後，會發生什麼情形呢？根據靈學的共識，人類存在，爲靈、魂、肉體三重構造（請參照前面的三界圖）。肉體應該不需要我再說明了吧？至於靈、魂，僅簡單地敘述如下：

〈魂〉　個魂（自己）意識→顯在意識＋潛在意識→輪迴轉生核→（低我）

〈靈〉　普遍（全體）意識→集合無意識→永生→（高我、真我）

人的本體〈靈〉，是「永遠的實在」，不會被毀滅。但，因人類本身並沒有分離意識，所以完全沒有感覺到「我」。關於個我意識不會永遠消失，我們留待稍後再來說明。

在此要提醒各位的是，今後一定要多加努力，千萬不要讓自己名列其中。

資格審查的原則

〈審問〉請說明什麼樣的人會獲選……。

這是最主要的重點。面對這個問題，我們必須儘可能排除主觀，以客觀的立場來探討。事實上，告知選別基準的預言並不多。即使有，也只是談談原理原則而已。

「這一〇〇〇年內，只有進步的魂才能在地上轉變。」（凱西）由此可知，選擇是「魂進化」的問題，與這個人是好人、壞人或信仰是否虔誠無關。此外，大本神諭也說：

（圖表十六）三千世界

（三千世界）

（三界）	（心）	（體）	（神諭）
神	**靈**	火	神
幽	魂	**水**	上
頭	體	土	人

※「神界」即神智學所謂的「心靈界」，也稱爲「靈界」

「世界分爲三段」，「三段」是指三界。三界是各自獨立的。請各位不要忘了，這兒所説的神，是完全採取立（縱）軸思考。至於如何區分，我們從耶穌預言來看。

「若非由水與靈誕生，便無法進入神國。」（約翰福音3／5）

這就是耶穌認爲「進入神國」的資格。那麼，何謂「由水與靈誕生」呢？爲了幫助各位瞭解，特地將圖表五簡化爲圖表十六，在此請注意「水與靈」。

聖經認爲人類是亞當的後裔。而亞當是「主父用土與塵作成人（亞當）形，將生命氣息吹入其鼻內，因而有人誕生。」（創世記2／7）

也就是說，亞當（現人類）是在四大

（地水火風）中擁有「土」的身體的人。在神秘學的常識中，體的一界層上位爲(心)的水準（請看圖表十七），而現在的我們，是在（(體)→上、(心)→魂）的階段。至於接下來的「神國」，則提升一界層次元，上升爲（(體)→水、(心)→靈）。

這就是「水與靈」。基督教把聖水灑在嬰兒頭頂的「受洗」儀式，乃是「進入神國」，亦即物理肉體在未來化爲靈（水）的象徵。

不過最重要的還是在心（意識）。到達「靈（神界）」水準的選民，與只達「魂（幽界）」水準的非選民，區別就在於此。

日本預言也說：

（圖表十七）

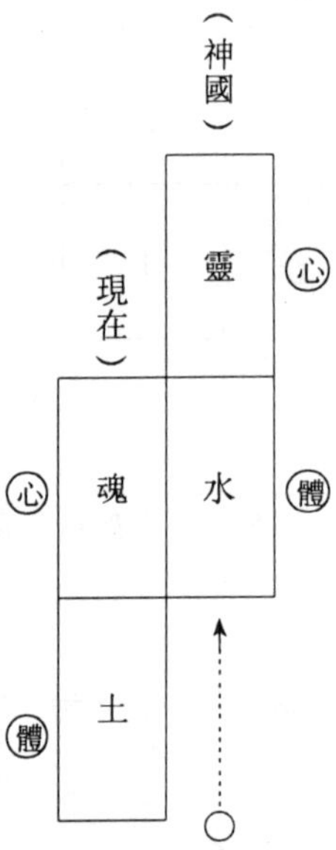

「上分水火時，一人治理，充滿陽氣。」（神諭6／5）

「上」指的是在顯界之上的界層，也就是㊉的領域。在「水（幽界）與火（神界）」的交界處，以上（合格）、下（落第）作爲「區分」，自然就會「充滿陽氣↓光輝國」。對此，大本神諭稱之爲「火水經綸」。

神（神界）與上（幽界）並不相同（圖表十八）。「區分」此一界層的方法，和前面一樣。

大體而言，凡是屬於「幽界」意識的程度者，都無法獲選。

「若非神（界）魂的臣民，無法居住於神國。」（日月神示249）

「幽界身魂需往幽界去，在神國無寸地可居。」（日月神示299）

（圖表十八）
心領域

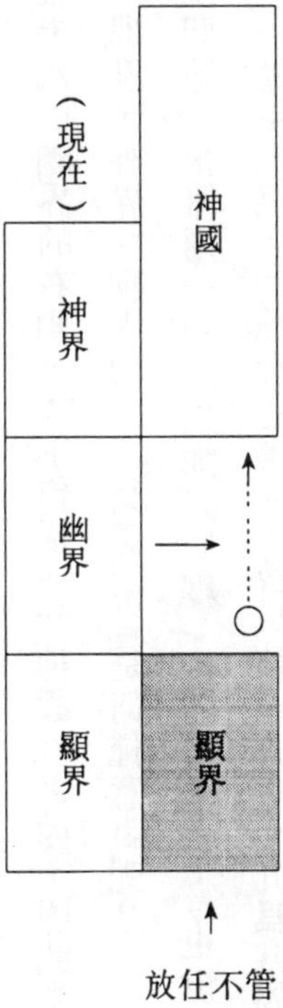

下面以圖表來加以說明。

請看圖表十八中幽界的右側，並不包括在「神國」之內，因此當然不可能獲選。

〈審問〉那麼，神界、幽界的心，具體而言是何種意識呢？

對於這個問題，很難用一句話來加以解釋。事實上，預言也沒有說明到這一點（因爲，神是以立（縱）軸爲主的原理思考），故只能以圖表十九爲基礎進行類推。因爲是以心的水準來區分，和最下方的顯界→物質界無關，所以只需調查上方二界（神界、幽界）的不同之處即可。所謂心的水準，其實就是「想法」問題，故應將焦點集中於兩界層的想法有何不同，以及墮落的幽界思考究竟是何種想法。

合格的關鍵

對於神幽兩界，佛教稱之爲①（神界→無色界）（幽界→色界）。「色」意味著「有具體形態者」，故神界乃是「肉眼看不到的世界」。反之，幽界則是「擁有物理世界形態的世界」，也就是「半靈半物質的那個世界」。幽界與顯界的交界處，就是「那個世界與這個世界相連」的領域，其思考是以萬物都能用肉眼看到的形態爲主。

例如，把「神」想像成耶穌、白髮老爺爺或化身爲肉體人類，就是幽界的思考形態。

（圖表十九）三國界

⑤	⑦	⑥	④	③	②	①		
深層意識	立體（3次元）	㊋氣體	精神	人間界	心靈界	無色界	神界	○
潛在意識	平面（2次元）	㊌液體	感情	動物界	亞斯特拉爾界	色界	幽界	●
顯在意識	點（時間）	㊏固體	慾望	礦物界	物質界	慾界	顯界	

如果還停留在期待這些神能帶給現世利益的階段，那麼很遺憾地將會成爲「落第組」。因爲，願望根本不可能達成。

降臨在靈能者身上的衆神，對這個世界的事情非常瞭解。據我猜測，這可能是因爲它是距離顯界（這個世界）最近的階段，亦即位於幽界最下層的緣故。

換句話說，「二樓的衆神」當然較容易看清在一樓（這個世界）的事物。在這種情況下，如果還維持具體的形象，自然不可能獲選。因此，決定的關鍵，就在於是否具有脫離具體形象的想法。

接著請看圖表十九的⑥、⑦。看到「火水土」時，很多人會想：這是什麼啊？事實上，這是近代科學以前的神秘哲學中的「四大」思想；簡單地說，就是整個宇宙中的森羅萬象，全都會還原爲「地水火風」等四大元素，是形而上學的想法。日月神示中也有以下的說明。

「冰、水和水蒸氣有相同之處，也有不同之處。」（扶桑之卷15）

冰（固體）、水（液體）、水蒸氣（氣體）同樣是「水」，但卻因環境、狀況不同而在各個階段發生位相轉位。所謂各個位相，就是「地水火風」所象徵的「四大」。例如，海的誕生，本來是以水蒸氣→水→冰的順序進行轉位。水蒸氣（氣體）爲最初源（水準最高）位相，冰（個體→物質）爲最下層位相，而我們所要探討的「火與水」。請各位想想（水→液體事象）（火→氣體事象）。是什麼使（火）成爲氣體的呢？嚴格說起來，應該說「帶熱的氣體」。一般所謂的氣體，都是指「空氣」。在太陽系內，只有地球才有空氣（大氣）存在，這是非常特殊的現象。至於宇宙，則普遍充滿著氣體。

再回到原先的問題上。「火→氣體」的「氣」，是指肉眼看不到的東西。只要對照①的「無色界」，便不難理解。此外，火也是「具有上升指向的擴展」，象徵著立體（三次元）。其上升指向爲「縱軸指向」，與神的想法一致，因此當然是合格者。

另一方面，水有水平、水面的意思，象徵著平面（二次元）。面是「水平軸的擴展」，故其想法爲「橫軸指向（思考）」。所謂橫軸思考，就是橫向相連的思考，亦即以人際關係爲軸的社會思考。因爲重心在於映照這個現象世界，故幽界層又被稱爲「水鏡」。單從社會觀點來看事物的幽界程度不夠全面性，當然會被打入落第組。我之所以認爲現今人類都會落選，原因就在於此。

出家是合格的典型

自古以來，許多佛教信徒爲了求得領悟（到達佛的水準），紛紛選擇出家。出家一如文字所示，是「走出家門」的意思。家，是構成社會的最小基本單位。出家者雖有遠離家的想法，但做起來卻非常困難。因爲這是個人內在意識的問題，與社會無關。比方說，躲在深山幽谷中卻一直想著戀人，那又何必出家呢？因此，重點應該是在個人的想法。

其次是相當於神界的②「心靈界層」。因爲①是肉眼看不到的⑥「氣」的領域，故神秘學將其視爲掌管知性、睿智的④的精神座。這個水準，可說是③現人類所能到達的最終目標。

而幽界的②「亞斯特拉爾界層」，稱爲④感情領域，是判斷個人好惡的水準。至於一般人所謂的「感情動物」，神秘學視之爲③動物界層座，程度特別低。遺憾的是，現今人類大半仍處於此一進化階段。因此這次的選別，其實就是「從臣民中選出能清楚區別神與獸者」（日月神示65）。在聖經的創世紀中，也記載著在天地創造的最終之日「分爲人與獸」（這個最終之日「第六天」，在AD二〇〇〇年左右）。

這裡所說的「獸」並非「野獸」，而是指人類所具有的亞斯特拉爾心。大部分的人都不認爲自己具有「動物性」，但事實卻不然。每個人或多或少都具有動物感情，也具有性欲、食欲等本能的欲望，這些都屬於「顯界（欲界）」的程度。那麼，人類的獸的感情是什麼呢？整理如下：

幽界的㊉魂（自我意識）是什麼？

以①色界（肉眼看得到的世界）爲對象

由⑥⑦（橫軸的人際關係）所引發的情念

也就是鬥爭心、競爭心、憤怒、恐懼

此外還有很多以自我爲中心的感情……

基本上，大家都位於幽界的水準。不過，感情當然會有高低（縱軸）之差，因此最重要的是，是否有伴隨神界「知性」的心情。總之，心的幽界領域是在這個世界的上方界，爲了達到神界水準，想法必須脫離顯界才行。佛教稱之爲「欣求淨土、遠離穢土」。今將以上敘述圖示化（圖表二十），作爲檢查「神界度」的依據。在這些項目中，你畫〇的有

（圖表二十）提升程度的區別

●【橫軸思考】社會性、人際關係指向（知識的廣大）
○【縱軸思考】程度高低的理解（理解的深度）

●【社會的感覺】世界的意識、大衆傳播的反應、對流行的敏感度
○【原理的思考】理性的判斷、本質的理解、抽象的概念化

●【個我意識】以自我爲主的意識、身內意識、（潛在意識）
○【整體意識】人類整體意識、宇宙意識、（集合無意識）

●【個人的愛情】好惡反應、感情反應、征服欲
○【普遍的愛念】體貼心、無差別的慈愛、一體感

●【利益信心】信仰教主、以肉眼看得到的現象作判斷
○【絕對者信仰】歸依於神、以直覺感受肉眼看不到的真理

幾個呢？

只要努力，仍然有存活的可能

〈審問〉水準似乎太高了吧？獲選的機會只有「二成」，機率未免太低了……。

不，不是二成，而是一〇〇個人當中可能只有一人獲選。不過請放心。在神國的初期階段，選民是「半靈半物質的肉體」，因此，心靈水準也更上層樓，成爲「半神界半幽界的心」。這裡的「半」純粹只是比喻，並非五〇％的意思。

前面說過，神是以始終㊉的立軸來思考事物，故而關鍵就在於「三成或二成」。請記住，我並不是說「五人當中有一人會獲選」。

由圖表二一可以知道，凡是屬於二〇%上層高度洗練感情的擁有者，就能成爲選民。另一方面，啓示錄中告訴我們，「新天地」的到來，是在「千年王國」之後。換言之，這一〇〇〇年是選民們的「研修期間」，所以教師基督（救世主）才特地降臨。

在挑選階段裡，選民不需要一〇〇%優秀，因爲在接下來的一〇〇〇年內，還要進行研修。通常，在這之後選民就會達到「神界心」及「不死之身」的水準。從這裡，各位可以瞭解到壽命之所以逐漸延伸的理由。

日月系預言則以「立還昔元神示」的字眼來表現。這裡所說的「神世」，並非天照大神生存的時代或繩文時代。大本神學將人類歷史分爲大過去、大現在、大未來三者（圖表

（圖表二一）

能到神國去的人

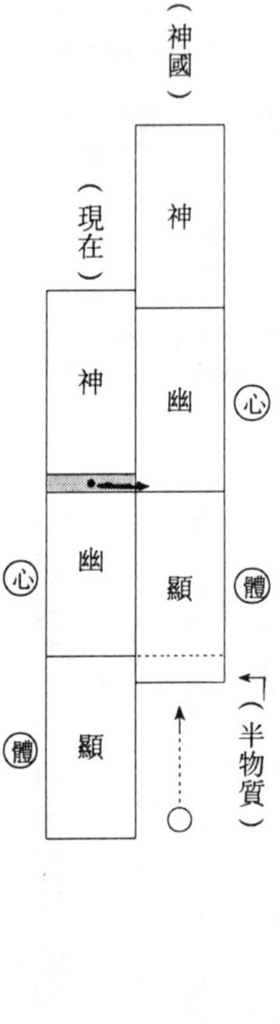

（圖表二二）大本神學中的人類歷史

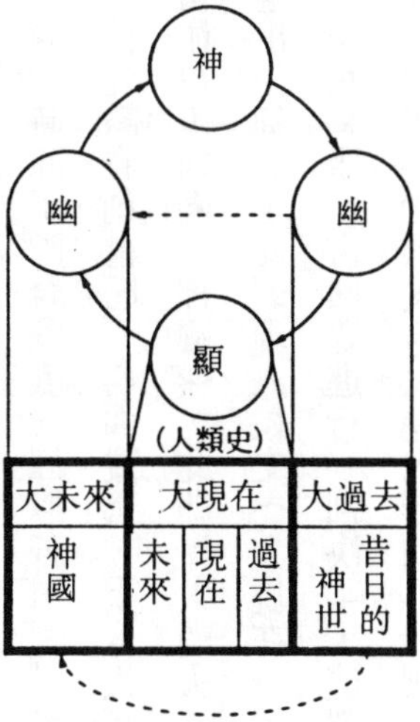

二二）。由表可知，人類過去的歷史，其實就是大體現在中的過去」。也就是說，「大現在」是指以物理肉體形式生存的現今人類的全史。

這是指以幽體水準的肉體生存的人類。而「大過去」的時代稱爲「昔元神世」。這三個時代以圓環狀進化。即將到來的「大未來↓神國」的人類，是以幽體ＢＯＤＹ生存，這就是「立還昔元神世」的本義。「環」是「圓環」的環，也就是說大過去與大未來是在同位相同的世界。

令人感到驚訝的是，與日月神毫無關連的波斯教的聖典，居然出現以下記載：「最初的人類，如太陽般散發光芒。」我想，這裡指的就是「大過去人類」。

大家都知道，這個「光輝的人類」，就是新興「神國（大未來）」人類的姿態。由不同的兩個預言，即可證明圖二十二的正確性。

亞當與夏娃在天國

更令人不敢置信的是，聖經對此也有相同的看法。以下就爲各位詳加介紹。

說明時除了配合圖表二三以外，還請參考新、舊聖經中的〈創世記〉與〈啓示錄〉。首先請看創世記。前面說過，現今人類始於由㊏（物質）肉體所構成的亞當。亞當最初住在伊甸園（神國），此即「大過去」，後來在蛇的誘惑下吃了禁果（智慧果實）而被趕出伊甸園，此即現人類史（大現在）的開始。基督教稱此爲人類的「原罪」。

既然有罪，當然要進行「判決」，這就相當啓示錄的「最後審判」。審判後獲判無罪的人，會成爲「選民」，進入新的「神國（大未來）」。

創世記認爲，吃了智慧果實的現人類，運用智慧所製造出來的是核子武器。由於核子武器在〈啓示錄〉所說的「第三次世界大戰」中使用，才使人類（大現在）走向末日。

那麼，誘惑人類的「蛇」又如何了呢？

「數年後把蛇捉住，投入深淵、封住出口，其上貼住封印，以免在千年結束之前再度

（圖表二三）

聖經中的人類歷史

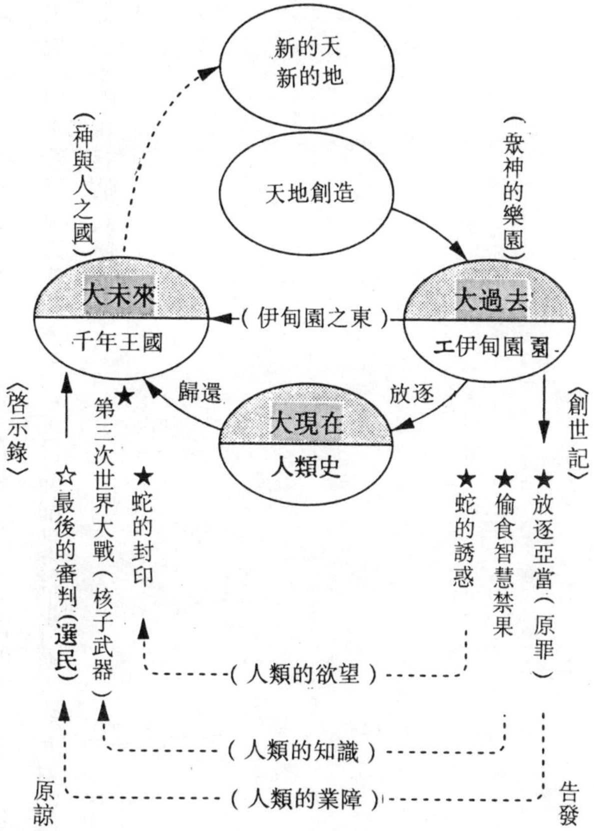

迷惑國民。」（20／2～3）

「自我塑形」的亞當，是半靈半物質的人類。有關浪蕩子亞當的預言，在世界聖典之一法華經中經常出現。但不管是東方或西方預言，目的都是爲了告誡人類。對於這些寶貴的遺產，我認爲有必要重新評估其價值。

第九章　末日為進化的必然趨勢

歷史重演

由前章的圖表二三各位想必都有更深的認識，不過話題並未就此打住。因爲，這個圖表中可以作爲人類進化環的時代位相。①現代是到達「伊甸園之東」之前的階段，相當於顯界（物質文明期）的最後期、②不久後「神國」將會到來、③在此之前會進行選民與非選民的權利。

過去的人類史，是以顯界（物質世界）爲目標的下降期，亦即離神愈來愈遠的「體主靈從」時期。其結果是，必然會到達現在的科學（物質）文明。但是不久之後，進化環卻繞了回來，轉爲上升弧，亦即由「物質」朝靈的目標來個一百八十度的大轉彎。

（圖表二四）

人類進化環

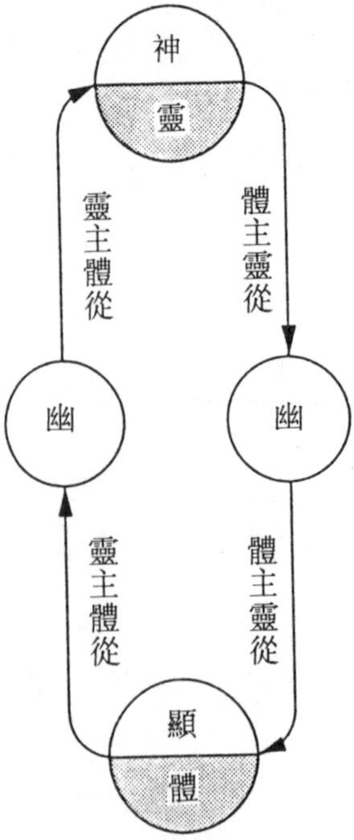

仔細想想，進化原本就應該是自然的「上升」現象。然而目前的人類進化，卻反其道而行，三千世界（三界）的水準不斷往下掉。爲了「恢復原狀」，於是在這次的「大重建」。反轉的緩衝期，就是「大峠（末日的患難）」。峠，是指上、下的分岐點，通常一座山只有一個「峠」。到了AD二〇〇〇年（這次的周回期），將會迎向「空前絕後」的大轉換地點（時代）。就如同由高處落下的球一般，衝擊愈大，反轉上升的力量也愈强。

下面我們再從魂的方面來看。

「那兒是數萬年原因所形成的結果。」（日月神示）

對每一個人來說，這次的生並非頭一遭。我們是在經過次數多得令人難以置信的轉世之後，才活在這個世界上的。原本我們是前半下降期的最後一位跑者，只是大部分的人都不曾注意到轉彎的地點（因爲沒有肉眼看得到的轉彎標誌）。

其結果如何呢?當然是朝著原先的路線筆直前進。

最後一如圖表二五所示：

Ⓐ集團朝著脱離正規進化路線的方向跑去。那兒是比「地」位相更下方的領域，也就是所謂的「地獄」。

（圖表二五）

脫離進化環的情形

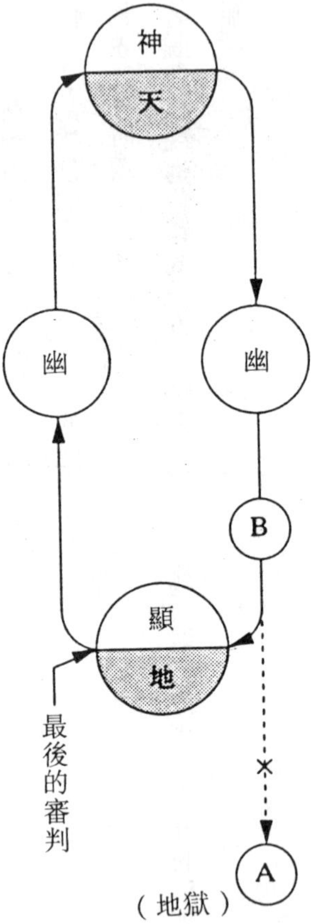

並沒有人下令要Ⓐ集團跑到地獄去，但是他們卻自己朝那兒跑去。換言之，是生前的意識驅使他們到那兒去的。因爲這次是「空前絕後」的特殊進化時期，所以必須好好把握。

那麼，應該如何越過「大峠」呢？根據日月神示的說法：「只有有因緣者，才能越過這次的峠。」（300）

說到「因緣」，令人不禁想起近來頗爲流行的「業障」一詞。有關其含義，想必各位都已清楚，在此不必多作說明。現在，正是清算業障的時代。適逢其時的我們，應該進行的「不是肉體的改心，而是靈的改心。」（日月神示313）

何謂「改心」呢？所謂改心，就是「改變想法」。改心的目的，是脫離「體主（這個世界的思考）」，轉而接近「靈主（縱軸）」。要言之，就是減少顯世的欲望。「欲望與傲慢」都是「塵埃（業障）」，必須加以清除。而且，時間所剩不多了。

「最後才改心就太遲了。」（大本神諭）

不合格者封鎖魂的進化

無法「改心」的落第組，是否全都會到地獄去呢？並非如此。Ⓐ集團是迂迴到達顯界（物質）水準的魂。而在世界上，尚未到達這個水準的人還有很多，例如，原始部族或第三世界的下層階級。至於Ⓑ集團，則代表不會到達地獄的魂。因為，他們還沒有到達「地→物質」意識的水準。這不能算是差別意識，從神秘學的觀點來看，這些人的魂在人類進化時期已經太遲了。以人類而言，這些是屬於比較年輕的魂。

請想像一條「有折返點的馬拉松路線」。現代就相當於顯界期的最末期，亦即在折返點上。諷刺的是，距離神（界）最遠的現代人，事實上是走在進化的最尖端。

跑得較慢的Ⓑ集團，比Ⓐ集團更接近神（界）。在人類當中，有很多個性淳樸、信心極深的人。以日本為例，雖不具有第三世界的教養，具有靈能力的人卻不少。這是因為跑在距幽界位相較近處的緣故。只可惜，這些人在進化中途找不到折返點，以致逐漸下降到物質水準——亦即離神愈來愈遠——。

另一方面，現在最進步的知識分子層，不久後就會轉彎，進入朝神（界）方向歸還的上升期。奇怪的是，在物質界能力優秀的人，成爲「入選者」的可能性反而較高。總之，選別的基準在於魂的進化程度，與信仰的有無無關。

那麼，落選的Ⓐ與Ⓑ魂（個我意識）的結局如何呢？

正如先前所言，這些落選的人在最後審判之後，會被封閉在魂的進化階段中。魂會不會永久消滅呢？從進化法則來看，答案是否定的。這個集團會進入長久停滯的時期，亦即長期處於「意識沈睡」狀態。至於持續時間多長，根據神秘學的原理來看，大致是到：①這次的進化周回期結束（太陽系毀滅）、②其次的進化期（再構成新太陽系）開始、③新行星中物理生命能生息的星出現（大概就相當於現在的木星）、次期人類誕生、④人類文明發達、休眠中的魂在配合個人進化程度的時代的星球上生存（圖表二六打★記號者）。

以選民來看，就是在「轉彎太慢」的跑者再開始的時候。

Ⓐ集團的最後結局，是在「最後審判」之前，「從永遠的睡眠中清醒」。其經過時間到底有多久？據估計，現今太陽系大約再過四十二億年就會終結。而在下一個太陽系再構

成之前，大約需要幾億年的時間。新星球上的人數要想擁有與現在相同的文明水準（假設其速度與現在的地球相同），大約需要花上四十六億年。綜合以上各項，可約略估算出魂沈睡的時間，大約是一〇〇億年。不過，既然是「無意識睡眠」，就好像晚上睡了一覺早上醒來一樣，絲毫不會覺得「漫長」。

假設某甲的親朋好友、愛人丈夫或妻子全都被選中，只有他持續睡眠……在接下來的百億年間，其它人全都持續進化，因此當他再次清醒時，這些人已經成爲偉大的神了。也就是說，下次誕生時某甲所膜拜的神，實際上是他在現在這個進化期的愛人或孩子。而今，這個情形在六年後就會出現。有關這個一〇〇億年的大賭注究竟是真是假，請看衆神

（圖表二六）

休眠的魂

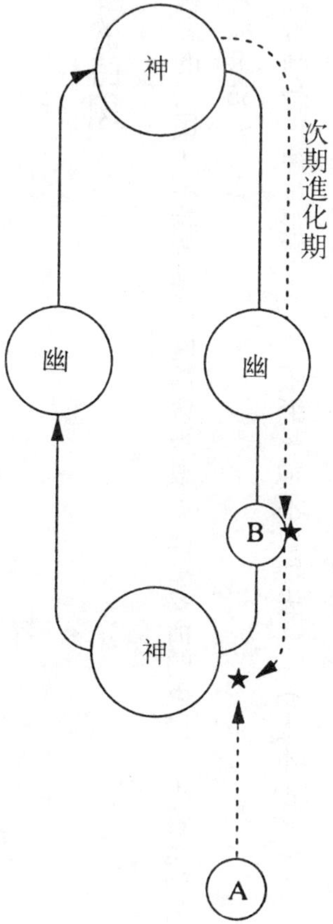

的說法。

現在是最重要的時刻

「註定要被殺的臣民，不論跑到何處都會被殺。注定要活的臣民，不管跑到何處都能存活。」（日月神示35）

「到了身魂審判時，神會張網。一旦張網，神不會離去。」（大本神諭）

也就是說，任何人都會進入「張著的網中」。否則的話：

「用四肢爬行、未穿衣服、被稱爲獸的人，與在空中飛翔的人，明顯地區分爲兩種。」（日月神示99）

「尚未準備好的人，抬起頭對著天哭叫，希望神在這個時刻還能接受自己，但是他們不是還沒準備好，就是已經太遲了。」（索羅門１７６）

那麼，我們是否看到新的「神國」呢？

「對於日月心的擔心，世上有何想法呢？」（神諭6／１１７）

大家都知道，現在已經不再是流於惰性的平常時刻了。

「各位需牢記在心，今後所發生的事，與以往的好事完全不同。」（神諭3／33）

事實果真如此嗎？

「在主日會有盜人來襲。」（給彼得的信Ⅱ3／10）

「當心靈因放縱、醉酒或世間煩惱而變得遲鈍時，日會在出乎意料之外的時刻張網捕捉各位，請注意。」（魯卡傳21／34）

「這一天是什麼時候呢？你們不知道。」（馬可傳13／33）

「清醒吧！我對你們所說的話，也是對所有的人說的。」（馬可傳13／37）

「他即將靠近了，你們一定要覺悟。」（日月神示444）

「一切都會被帶至天地之上。」（日月神示36）

對於以上敘述，我始終盡力排除個人的主觀看法，純粹從預言的角度來探討。而且，我並不是根據單品預言來作判斷，而是將許多預言結合在一起，從中找出相符的部分。

為了節省時間，以下特將聖經簡稱為〈聖〉、神諭簡稱為〈天〉、大本神諭簡稱為〈大〉、日月神示簡稱為〈日〉。

衆神的警告

〈聖〉「時機已到、神國接近了。」

〈日〉「時機到來。」（327）

〈大〉「時節到來，已經來不及了。」

〈天〉「日月、日日心急切等待時刻到來。」（17／125）

〈聖〉「這一天已經接近所有國家。」

〈日〉「成爲新世的末日諸相出現。」（星座之卷11）

〈天〉「日月漸漸出現可怕道路。」（7／7）

〈天〉「日月指出可怕、危險的道路，但衆人卻不知曉。」（8／63）

〈聖〉「一旦這個世界出現地震、人民騷亂、諸國紛爭、指導者不穩、君主動搖，將會發生在高位者先前所預警的現象，各位一定要覺悟。」（以斯拉記Ⅱ9／3）

〈聖〉「但這一切都是生產痛苦的開始。」（馬太傳24／8）

〈日〉「當一天有十萬人死去時，表示神的世界已經接近。」（25）

〈日〉「已經生病了。是無法治療的疾病。」（153）

〈聖〉「這是必須發生的事，還沒有結束呢！」（馬太傳24／6）

〈日〉「成爲大　時，就算拚命求助，也來不及了。」（碧玉之卷8）

〈大〉「當驚人箱打開時，天地發出鳴動，形成眼耳鼻全都飛掉的大騷動。」

〈聖〉「這時，是從世界革創至今不曾有過，以後也不會有的大患難發生的時刻。」(馬太傳24／21)

〈日〉「即將進入地獄的第三段，一定要覺悟。唯有進入地獄的第三段，才能與天國相通。」(89)

〈日〉「即將威脅世界，你們還沒清醒嗎？不管神怎麼指示，你們都毫無所覺嗎？再不快點察覺就太遲了。」

〈天〉「以後的道路會完全改變，大家一定要定心。」(15／46)

看過以上的介紹，想必各位都瞭解了吧？接下來我們再回到法庭，聽聽雙方的論告。

〈反方質詢〉以上所言都只是假設，根本欠缺合理根據，因此我方認爲這是一種欺騙。基於這個理由，我方不認爲真的會發生前述情形。

〈大〉「到現在還有人懷疑：『會有這種事發生嗎？』」

〈天〉「到目前爲止，不管是誰説同樣的事情，都會遭人懷疑。」(12／153)

〈異議〉我認爲沒有人會真的相信以上事項。

或許吧？不過這是完全錯誤的想法。試問：是不是只要你相信，事情就會變成真的？是不是只要有多數人相信，事件就會發生？反過來説，是不是人們不相信，所有的事情就不會發生了呢？人類的頭腦從什麼時候起變得這麼合乎邏輯了呢？據說，在普覽岳火山爆發之前，當地居民没有人相信它會爆發。結果，火山真的爆發了。由此可知，在自然的原則下，不管人心相不相信，該發生的時刻自然就會發生。換言之，天不會配合你的心情而下雨或出太陽的。

現代人對於一切事物，都是從人（顯界水準）的角度來思考。這種「倒立思考」，是屬於（無意識的）「體主靈從」的思考方式。但是根據日月神示的預言，在這次的「重建安排」中，這種思考將會「被推翻」。

〈異議〉 我不明白你所說的「重建」「安排」是指什麼？

〈日〉 「不管人們再怎麼絞盡腦汁、費盡心力，也無法知道神的安排。事實上，連神也不知道日後的安排。」（３４４）

〈大〉 「肉眼看不到、耳朵聽不見的神的安排，是人民無法憑藉巧智、學習或思考而瞭解的。」

〈天〉 「這件事没有任何人知道，是神的遺憾。」（12／１０８）

〈反方質詢〉 問題是，在缺乏科學根據的情況下，叫人如何相信呢？

〈日〉 「現在的科學，只能判斷已存在的、科學的事物，無法判斷超越科學的事

情。」（606）「人們的研究，無法判斷真正的事物。」（443）

事實上，現代科學對於生命起源還沒有清楚的認識。說得更露骨一點，現代科學根本就還停留在連感冒的真相、過敏如何發生也不知道的階段。

超越人類智慧的預言

〈論告〉　這麼說來，預言中的事物是無法以科學方式來立證嘍？

是的。如果能立證的話反而奇怪。因為，科學是以物理學為基礎，而物理學是以物質為對象的學問，因此所有物質世界（顯界）以外的事物，都不在其研究範圍內。

然而本書中的預言，卻涵蓋了三界（顯、幽、神），目標是比物理世界更高次元的領域。在次元不同的情況下，自然無法用屬於物質位相的科學來加以證明。根據各預言的說法，人類再過不久就會進入較高次元的世界。

「已經準備好進入此一次元的人，會離開重的世界而進入輕的世界。」（索羅門307）

「自己會被帶到其次由次元，在這兒的許多人都知道最後時代到來。」（索羅門166）

句中的「最後時代」，乃是本書所有預言所強調的重點。

在作成裁決之前，我們來聽聽先前一直保持沈默的陪審員（眾神預言）的證辭。

〈白光真宏會〉「地球現在已到了進化的時刻……現在的我們所要做的，就是如行者般使肉身靈化。」

〈崇光真光教〉「（越過火的大峠後）只有以真光之業淨化的人，才能獲選，開始以靈爲主體的世界。」

〈天祖光教〉「所謂天岩户開，是指打開人世之魂。」

〈神道天行居〉「天岩户開……成爲『新生』。」

〈金光教〉「現在，聽天地打開的聲音，清醒吧！」

由以上介紹的古今中外預言，可知有關「神國到來」的說法，絶非憑空揑造。

結局是，經常舉棋不定的人類，面對末日之説更是不知該如何是好，以致引起大騷動。另一方面，以往誰也不曾想過有關「神國」的問題。

「現在這個（物理的）世界，必須改變成如神國般的偉大社會才行。因此，衆人必須改變目前的生活態度，採行能全面相信或教主的生活方式。」

這或許是一般人所能想到的應對方法，但是事情並没有這麼簡單。因爲，這是一次「空前絶後」的「大重建」。人類侷限於其狹隘的常識範圍，因而無法瞭解在上位者的話（高次元存在者的預言），於是認定那是脱離常識的異想天開，從來不曾想過要配合神界衆人的感覺與步調。殊不知：

「人辦不到的事情，神卻辦得到。因爲，神無所不能。」（馬太傳10／27）

人類站在可怕的分岐點上

謹以結論的形式，將先前的預言內容整理敘述如下：

①這次的「重建」，是涵蓋三界（神幽顯）的大變革

②推進這次大變革的主角是上上（高次元存在者）

③這次大變革會使現在的物理世界毀滅、肉體人類消失

④其後「神國」到來，這個世界成爲「那個世界化」的次元

⑤被選中的選民們回到此處

⑥在這個新世界裡，人類與上上共存

⑦人類成爲與上上相同的高次元存在者。

看完以上的總結，各位的裁決是什麼呢？當然，相不相信這些預言全在於你自己。只是請想想，相信它你會失去什麼嗎？相反的，如果不相信的話，最後可能會後悔莫及。而相信的人，現在正站在一個關鍵性的分岐點上，一邊是通往神國的道路，一邊則是一〇〇

億年的魂停滯期。加以選擇的時刻，將在六年後來臨……。

想法比較積極的人，會將此視爲千載難逢的寶貴機會。因爲，截至目前爲止，從來没有人享受過如此刺激的「生」。而且這次的生不是普通的「人生」，而是會使我們升格爲「神」。

「你們是昔日活在地上的人當中最幸運的一群。在歷史記錄中，只有獨特的人才集合於此。爲什麼呢?因爲，你們正好生在前一時代宣告結束，新時代的靈爆發、重新誕生的時代。」（索羅門）

「人類是生成途上的神。」（尼采）

「新世是無神世、人成爲神之世。」（日月神示365）

「我說：『你們是神。』」（約翰福音10／34）

看到以上的預言（神的話，各位有何想法呢？）——

〈審問〉　在判決之前，我想請教最後一個問題。那就是，「神的話」真的可信嗎?

〈聖經〉　「你們要相信這些話，因爲它是真的。」（啓示錄22／6）

〈聖母瑪莉亞〉　「不可懷疑我的預言。」（於貝賽多）

〈日月神〉　「創始這個世界的神所説的話絶對没錯。」（神諭1／70）

〈日月神〉「神所說的話，絕無半句虛假。」（日月神示３４６）

〈日月神〉「如果是謊話，不可能一直說下去。」（大本神諭）

各位，六年後我們在「神國」再會吧！希望屆時能以「生成途上的神」的身分見到各位……。

大展出版社有限公司	圖書目錄
地址：台北市北投區11204 致遠一路二段12巷1號 郵撥： 0166955～1	電話：(02) 8236031 8236033 傳眞：(02) 8272069

・法律專欄連載・電腦編號58

台大法學院 法律學系／策劃
法律服務社／編著

①別讓您的權利睡著了[1]	200元
②別讓您的權利睡著了[2]	200元

・秘傳占卜系列・電腦編號14

①手相術	淺野八郎著	150元
②人相術	淺野八郎著	150元
③西洋占星術	淺野八郎著	150元
④中國神奇占卜	淺野八郎著	150元
⑤夢判斷	淺野八郎著	150元
⑥前世、來世占卜	淺野八郎著	150元
⑦法國式血型學	淺野八郎著	150元
⑧靈感、符咒學	淺野八郎著	150元
⑨紙牌占卜學	淺野八郎著	150元
⑩ＥＳＰ超能力占卜	淺野八郎著	150元
⑪猶太數的秘術	淺野八郎著	150元
⑫新心理測驗	淺野八郎著	160元

・趣味心理講座・電腦編號15

①性格測驗１	探索男與女	淺野八郎著	140元
②性格測驗２	透視人心奧秘	淺野八郎著	140元
③性格測驗３	發現陌生的自己	淺野八郎著	140元
④性格測驗４	發現你的眞面目	淺野八郎著	140元
⑤性格測驗５	讓你們吃驚	淺野八郎著	140元
⑥性格測驗６	洞穿心理盲點	淺野八郎著	140元
⑦性格測驗７	探索對方心理	淺野八郎著	140元
⑧性格測驗８	由吃認識自己	淺野八郎著	140元
⑨性格測驗９	戀愛知多少	淺野八郎著	140元

⑩性格測驗10	由裝扮瞭解人心	淺野八郎著	140元
⑪性格測驗11	敲開內心玄機	淺野八郎著	140元
⑫性格測驗12	透視你的未來	淺野八郎著	140元
⑬血型與你的一生		淺野八郎著	140元
⑭趣味推理遊戲		淺野八郎著	160元
⑮行為語言解析		淺野八郎著	160元

•婦 幼 天 地• 電腦編號 16

①八萬人減肥成果	黃靜香譯	180元
②三分鐘減肥體操	楊鴻儒譯	150元
③窈窕淑女美髮秘訣	柯素娥譯	130元
④使妳更迷人	成　玉譯	130元
⑤女性的更年期	官舒妍編譯	160元
⑥胎內育兒法	李玉瓊編譯	150元
⑦早產兒袋鼠式護理	唐岱蘭譯	200元
⑧初次懷孕與生產	婦幼天地編譯組	180元
⑨初次育兒12個月	婦幼天地編譯組	180元
⑩斷乳食與幼兒食	婦幼天地編譯組	180元
⑪培養幼兒能力與性向	婦幼天地編譯組	180元
⑫培養幼兒創造力的玩具與遊戲	婦幼天地編譯組	180元
⑬幼兒的症狀與疾病	婦幼天地編譯組	180元
⑭腿部苗條健美法	婦幼天地編譯組	150元
⑮女性腰痛別忽視	婦幼天地編譯組	150元
⑯舒展身心體操術	李玉瓊編譯	130元
⑰三分鐘臉部體操	趙薇妮著	160元
⑱生動的笑容表情術	趙薇妮著	160元
⑲心曠神怡減肥法	川津祐介著	130元
⑳內衣使妳更美麗	陳玄茹譯	130元
㉑瑜伽美姿美容	黃靜香編著	150元
㉒高雅女性裝扮學	陳珮玲譯	180元
㉓蠶糞肌膚美顏法	坂梨秀子著	160元
㉔認識妳的身體	李玉瓊譯	160元
㉕產後恢復苗條體態	居理安•芙萊喬著	200元
㉖正確護髮美容法	山崎伊久江著	180元
㉗安琪拉美姿養生學	安琪拉蘭斯博瑞著	180元
㉘女體性醫學剖析	增田豐著	220元
㉙懷孕與生產剖析	岡部綾子著	180元
㉚斷奶後的健康育兒	東城百合子著	220元

・青 春 天 地・電腦編號 17

①A血型與星座	柯素娥編譯	120元
②B血型與星座	柯素娥編譯	120元
③O血型與星座	柯素娥編譯	120元
④AB血型與星座	柯素娥編譯	120元
⑤青春期性教室	呂貴嵐編譯	130元
⑥事半功倍讀書法	王毅希編譯	150元
⑦難解數學破題	宋釗宜編譯	130元
⑧速算解題技巧	宋釗宜編譯	130元
⑨小論文寫作秘訣	林顯茂編譯	120元
⑪中學生野外遊戲	熊谷康編著	120元
⑫恐怖極短篇	柯素娥編譯	130元
⑬恐怖夜話	小毛驢編譯	130元
⑭恐怖幽默短篇	小毛驢編譯	120元
⑮黑色幽默短篇	小毛驢編譯	120元
⑯靈異怪談	小毛驢編譯	130元
⑰錯覺遊戲	小毛驢編譯	130元
⑱整人遊戲	小毛驢編著	150元
⑲有趣的超常識	柯素娥編譯	130元
⑳哦！原來如此	林慶旺編譯	130元
㉑趣味競賽100種	劉名揚編譯	120元
㉒數學謎題入門	宋釗宜編譯	150元
㉓數學謎題解析	宋釗宜編譯	150元
㉔透視男女心理	林慶旺編譯	120元
㉕少女情懷的自白	李桂蘭編譯	120元
㉖由兄弟姊妹看命運	李玉瓊編譯	130元
㉗趣味的科學魔術	林慶旺編譯	150元
㉘趣味的心理實驗室	李燕玲編譯	150元
㉙愛與性心理測驗	小毛驢編譯	130元
㉚刑案推理解謎	小毛驢編譯	130元
㉛偵探常識推理	小毛驢編譯	130元
㉜偵探常識解謎	小毛驢編譯	130元
㉝偵探推理遊戲	小毛驢編譯	130元
㉞趣味的超魔術	廖玉山編著	150元
㉟趣味的珍奇發明	柯素娥編著	150元
㊱登山用具與技巧	陳瑞菊編著	150元

・健 康 天 地・電腦編號 18

①壓力的預防與治療	柯素娥編譯	130元
②超科學氣的魔力	柯素娥編譯	130元
③尿療法治病的神奇	中尾良一著	130元
④鐵證如山的尿療法奇蹟	廖玉山譯	120元
⑤一日斷食健康法	葉慈容編譯	120元
⑥胃部強健法	陳炳崑譯	120元
⑦癌症早期檢查法	廖松濤譯	160元
⑧老人痴呆症防止法	柯素娥編譯	130元
⑨松葉汁健康飲料	陳麗芬編譯	130元
⑩揉肚臍健康法	永井秋夫著	150元
⑪過勞死、猝死的預防	卓秀貞編譯	130元
⑫高血壓治療與飲食	藤山順豐著	150元
⑬老人看護指南	柯素娥編譯	150元
⑭美容外科淺談	楊啟宏著	150元
⑮美容外科新境界	楊啟宏著	150元
⑯鹽是天然的醫生	西英司郎著	140元
⑰年輕十歲不是夢	梁瑞麟譯	200元
⑱茶料理治百病	桑野和民著	180元
⑲綠茶治病寶典	桑野和民著	150元
⑳杜仲茶養顏減肥法	西田博著	150元
㉑蜂膠驚人療效	瀨長良三郎著	150元
㉒蜂膠治百病	瀨長良三郎著	180元
㉓醫藥與生活	鄭炳全著	180元
㉔鈣長生寶典	落合敏著	180元
㉕大蒜長生寶典	木下繁太郎著	160元
㉖居家自我健康檢查	石川恭三著	160元
㉗永恒的健康人生	李秀鈴譯	200元
㉘大豆卵磷脂長生寶典	劉雪卿譯	150元
㉙芳香療法	梁艾琳譯	160元
㉚醋長生寶典	柯素娥譯	180元
㉛從星座透視健康	席拉·吉蒂斯著	180元
㉜愉悅自在保健學	野本二士夫著	160元
㉝裸睡健康法	丸山淳士等著	160元
㉞糖尿病預防與治療	藤田順豐著	180元
㉟維他命長生寶典	菅原明子著	180元
㊱維他命C新效果	鐘文訓編	150元
㊲手、腳病理按摩	堤芳郎著	160元
㊳AIDS瞭解與預防	彼得塔歇爾著	180元
㊴甲殼質殼聚糖健康法	沈永嘉譯	160元
㊵神經痛預防與治療	木下眞男著	160元
㊶室內身體鍛鍊法	陳炳崑編著	160元

㊷吃出健康藥膳	劉大器編著	180元
㊸自我指壓術	蘇燕謀編著	160元
㊹紅蘿蔔汁斷食療法	李玉瓊編著	150元
㊺洗心術健康秘法	竺翠萍編譯	170元
㊻枇杷葉健康療法	柯素娥編譯	180元
㊼抗衰血癒	楊啟宏著	180元

・實用女性學講座・電腦編號 19

①解讀女性內心世界	島田一男著	150元
②塑造成熟的女性	島田一男著	150元
③女性整體裝扮學	黃靜香編著	180元
④女性應對禮儀	黃靜香編著	180元

・校 園 系 列・電腦編號 20

①讀書集中術	多湖輝著	150元
②應考的訣竅	多湖輝著	150元
③輕鬆讀書贏得聯考	多湖輝著	150元
④讀書記憶秘訣	多湖輝著	150元
⑤視力恢復！超速讀術	江錦雲譯	180元

・實用心理學講座・電腦編號 21

①拆穿欺騙伎倆	多湖輝著	140元
②創造好構想	多湖輝著	140元
③面對面心理術	多湖輝著	160元
④偽裝心理術	多湖輝著	140元
⑤透視人性弱點	多湖輝著	140元
⑥自我表現術	多湖輝著	150元
⑦不可思議的人性心理	多湖輝著	150元
⑧催眠術入門	多湖輝著	150元
⑨責罵部屬的藝術	多湖輝著	150元
⑩精神力	多湖輝著	150元
⑪厚黑說服術	多湖輝著	150元
⑫集中力	多湖輝著	150元
⑬構想力	多湖輝著	150元
⑭深層心理術	多湖輝著	160元
⑮深層語言術	多湖輝著	160元
⑯深層說服術	多湖輝著	180元
⑰掌握潛在心理	多湖輝著	160元

⑱洞悉心理陷阱	多湖輝著	180元

•超現實心理講座•電腦編號 22

①超意識覺醒法	詹蔚芬編譯	130元
②護摩秘法與人生	劉名揚編譯	130元
③秘法！超級仙術入門	陸　明譯	150元
④給地球人的訊息	柯素娥編著	150元
⑤密教的神通力	劉名揚編著	130元
⑥神秘奇妙的世界	平川陽一著	180元
⑦地球文明的超革命	吳秋嬌譯	200元
⑧力量石的秘密	吳秋嬌譯	180元
⑨超能力的靈異世界	馬小莉譯	200元

•養 生 保 健•電腦編號 23

①醫療養生氣功	黃孝寛著	250元
②中國氣功圖譜	余功保著	230元
③少林醫療氣功精粹	井玉蘭著	250元
④龍形實用氣功	吳大才等著	220元
⑤魚戲增視強身氣功	宮　嬰著	220元
⑥嚴新氣功	前新培金著	250元
⑦道家玄牝氣功	張　章著	200元
⑧仙家秘傳袪病功	李遠國著	160元
⑨少林十大健身功	秦慶豐著	180元
⑩中國自控氣功	張明武著	250元
⑪醫療防癌氣功	黃孝寛著	250元
⑫醫療強身氣功	黃孝寛著	250元
⑬醫療點穴氣功	黃孝寛著	220元
⑭中國八卦如意功	趙維漢著	180元
⑮正宗馬禮堂養氣功	馬禮堂著	420元

•社會人智囊•電腦編號 24

①糾紛談判術	清水增三著	160元
②創造關鍵術	淺野八郎著	150元
③觀人術	淺野八郎著	180元
④應急詭辯術	廖英迪編著	160元
⑤天才家學習術	木原武一著	160元
⑥猫型狗式鑑人術	淺野八郎著	180元
⑦逆轉運掌握術	淺野八郎著	180元

⑧人際圓融術	澀谷昌三著	160元
⑨解讀人心術	淺野八郎著	180元
⑩與上司水乳交融術	秋元隆司著	180元

•精 選 系 列•電腦編號25

①毛澤東與鄧小平	渡邊利夫等著	280元
②中國大崩裂	江戶介雄著	180元
③台灣•亞洲奇蹟	上村幸治著	220元
④7-ELEVEN高盈收策略	國友隆一著	180元
⑤台灣獨立	森　詠著	200元
⑥迷失中國的末路	江戶雄介著	220元
⑦2000年5月全世界毀滅	紫藤甲子男著	180元

•運 動 遊 戲•電腦編號26

①雙人運動	李玉瓊譯	160元
②愉快的跳繩運動	廖玉山譯	180元
③運動會項目精選	王佑京譯	150元
④肋木運動	廖玉山譯	150元
⑤測力運動	王佑宗譯	150元

•銀髮族智慧學•電腦編號28

①銀髮六十樂逍遙	多湖輝著	170元
②人生六十反年輕	多湖輝著	170元

•心 靈 雅 集•電腦編號00

①禪言佛語看人生	松濤弘道著	180元
②禪密教的奧秘	葉逯謙譯	120元
③觀音大法力	田口日勝著	120元
④觀音法力的大功德	田口日勝著	120元
⑤達摩禪106智慧	劉華亭編譯	150元
⑥有趣的佛教研究	葉逯謙編譯	120元
⑦夢的開運法	蕭京凌譯	130元
⑧禪學智慧	柯素娥編譯	130元
⑨女性佛教入門	許俐萍譯	110元
⑩佛像小百科	心靈雅集編譯組	130元
⑪佛教小百科趣談	心靈雅集編譯組	120元
⑫佛教小百科漫談	心靈雅集編譯組	150元

⑬佛教知識小百科	心靈雅集編譯組	150元
⑭佛學名言智慧	松濤弘道著	220元
⑮釋迦名言智慧	松濤弘道著	220元
⑯活人禪	平田精耕著	120元
⑰坐禪入門	柯素娥編譯	120元
⑱現代禪悟	柯素娥編譯	130元
⑲道元禪師語錄	心靈雅集編譯組	130元
⑳佛學經典指南	心靈雅集編譯組	130元
㉑何謂「生」 阿含經	心靈雅集編譯組	150元
㉒一切皆空 般若心經	心靈雅集編譯組	150元
㉓超越迷惘 法句經	心靈雅集編譯組	130元
㉔開拓宇宙觀 華嚴經	心靈雅集編譯組	130元
㉕真實之道 法華經	心靈雅集編譯組	130元
㉖自由自在 涅槃經	心靈雅集編譯組	130元
㉗沈默的教示 維摩經	心靈雅集編譯組	150元
㉘開通心眼 佛語佛戒	心靈雅集編譯組	130元
㉙揭秘寶庫 密教經典	心靈雅集編譯組	130元
㉚坐禪與養生	廖松濤譯	110元
㉛釋尊十戒	柯素娥編譯	120元
㉜佛法與神通	劉欣如編著	120元
㉝悟（正法眼藏的世界）	柯素娥編譯	120元
㉞只管打坐	劉欣如編著	120元
㉟喬答摩・佛陀傳	劉欣如編著	120元
㊱唐玄奘留學記	劉欣如編著	120元
㊲佛教的人生觀	劉欣如編譯	110元
㊳無門關（上卷）	心靈雅集編譯組	150元
㊴無門關（下卷）	心靈雅集編譯組	150元
㊵業的思想	劉欣如編著	130元
㊶佛法難學嗎	劉欣如著	140元
㊷佛法實用嗎	劉欣如著	140元
㊸佛法殊勝嗎	劉欣如著	140元
㊹因果報應法則	李常傳編	140元
㊺佛教醫學的奧秘	劉欣如編著	150元
㊻紅塵絕唱	海 若著	130元
㊼佛教生活風情	洪丕謨、姜玉珍著	220元
㊽行住坐臥有佛法	劉欣如著	160元
㊾起心動念是佛法	劉欣如著	160元
㊿四字禪語	曹洞宗青年會	200元
51妙法蓮華經	劉欣如編著	160元

㊾根本佛教與大乘佛教	葉作森編	元

・經 營 管 理・電腦編號 01

◎創新經營六十六大計（精）	蔡弘文編	780元
①如何獲取生意情報	蘇燕謀譯	110元
②經濟常識問答	蘇燕謀譯	130元
③股票致富68秘訣	簡文祥譯	200元
④台灣商戰風雲錄	陳中雄著	120元
⑤推銷大王秘錄	原一平著	180元
⑥新創意・賺大錢	王家成譯	90元
⑦工廠管理新手法	琪　輝著	120元
⑧奇蹟推銷術	蘇燕謀譯	100元
⑨經營參謀	柯順隆譯	120元
⑩美國實業24小時	柯順隆譯	80元
⑪撼動人心的推銷法	原一平著	150元
⑫高竿經營法	蔡弘文編	120元
⑬如何掌握顧客	柯順隆譯	150元
⑭一等一賺錢策略	蔡弘文編	120元
⑯成功經營妙方	鐘文訓著	120元
⑰一流的管理	蔡弘文編	150元
⑱外國人看中韓經濟	劉華亭譯	150元
⑲企業不良幹部群相	琪輝編著	120元
⑳突破商場人際學	林振輝編著	90元
㉑無中生有術	琪輝編著	140元
㉒如何使女人打開錢包	林振輝編著	100元
㉓操縱上司術	邑井操著	90元
㉔小公司經營策略	王嘉誠著	160元
㉕成功的會議技巧	鐘文訓編譯	100元
㉖新時代老闆學	黃柏松編著	100元
㉗如何創造商場智囊團	林振輝編譯	150元
㉘十分鐘推銷術	林振輝編譯	180元
㉙五分鐘育才	黃柏松編譯	100元
㉚成功商場戰術	陸明編譯	100元
㉛商場談話技巧	劉華亭編譯	120元
㉜企業帝王學	鐘文訓譯	90元
㉝自我經濟學	廖松濤編譯	100元
㉞一流的經營	陶田生編著	120元
㉟女性職員管理術	王昭國編譯	120元
㊱ＩＢＭ的人事管理	鐘文訓編譯	150元
㊲現代電腦常識	王昭國編譯	150元

㊳電腦管理的危機　鐘文訓編譯　120元
㊴如何發揮廣告效果　王昭國編譯　150元
㊵最新管理技巧　王昭國編譯　150元
㊶一流推銷術　廖松濤編譯　150元
㊷包裝與促銷技巧　王昭國編譯　130元
㊸企業王國指揮塔　松下幸之助著　120元
㊹企業精銳兵團　松下幸之助著　120元
㊺企業人事管理　松下幸之助著　100元
㊻華僑經商致富術　廖松濤編譯　130元
㊼豐田式銷售技巧　廖松濤編譯　180元
㊽如何掌握銷售技巧　王昭國編著　130元
㊿洞燭機先的經營　鐘文訓編譯　150元
52新世紀的服務業　鐘文訓編譯　100元
53成功的領導者　廖松濤編譯　120元
54女推銷員成功術　李玉瓊編譯　130元
55ＩＢＭ人才培育術　鐘文訓編譯　100元
56企業人自我突破法　黃琪輝編著　150元
58財富開發術　蔡弘文編著　130元
59成功的店舖設計　鐘文訓編著　150元
61企管回春法　蔡弘文編著　130元
62小企業經營指南　鐘文訓編譯　100元
63商場致勝名言　鐘文訓編譯　150元
64迎接商業新時代　廖松濤編譯　100元
66新手股票投資入門　何朝乾　編　180元
67上揚股與下跌股　何朝乾編譯　180元
68股票速成學　何朝乾編譯　180元
69理財與股票投資策略　黃俊豪編著　180元
70黃金投資策略　黃俊豪編著　180元
71厚黑管理學　廖松濤編譯　180元
72股市致勝格言　呂梅莎編譯　180元
73透視西武集團　林谷燁編譯　150元
76巡迴行銷術　陳蒼杰譯　150元
77推銷的魔術　王嘉誠譯　120元
7860秒指導部屬　周蓮芬編譯　150元
79精銳女推銷員特訓　李玉瓊編譯　130元
80企劃、提案、報告圖表的技巧　鄭　汶　譯　180元
81海外不動產投資　許達守編譯　150元
82八百伴的世界策略　李玉瓊譯　150元
83服務業品質管理　吳宜芬譯　180元
84零庫存銷售　黃東謙編譯　150元
85三分鐘推銷管理　劉名揚編譯　150元

㊱推銷大王奮鬥史	原一平著	150元
㊲豐田汽車的生產管理	林谷燁編譯	150元

•成功寶庫•電腦編號02

①上班族交際術	江森滋著	100元
②拍馬屁訣竅	廖玉山編譯	110元
④聽話的藝術	歐陽輝編譯	110元
⑨求職轉業成功術	陳　義編著	110元
⑩上班族禮儀	廖玉山編著	120元
⑪接近心理學	李玉瓊編著	100元
⑫創造自信的新人生	廖松濤編著	120元
⑭上班族如何出人頭地	廖松濤編著	100元
⑮神奇瞬間瞑想法	廖松濤編譯	100元
⑯人生成功之鑰	楊意苓編著	150元
⑲給企業人的諍言	鐘文訓編著	120元
⑳企業家自律訓練法	陳　義編譯	100元
㉑上班族妖怪學	廖松濤編著	100元
㉒猶太人縱橫世界的奇蹟	孟佑政編著	110元
㉓訪問推銷術	黃靜香編著	130元
㉕你是上班族中強者	嚴思圖編著	100元
㉖向失敗挑戰	黃靜香編著	100元
㉙機智應對術	李玉瓊編著	130元
㉚成功頓悟100則	蕭京凌編譯	130元
㉛掌握好運100則	蕭京凌編譯	110元
㉜知性幽默	李玉瓊編譯	130元
㉝熟記對方絕招	黃靜香編譯	100元
㉞男性成功秘訣	陳蒼杰編譯	130元
㊱業務員成功秘方	李玉瓊編著	120元
㊲察言觀色的技巧	劉華亭編著	130元
㊳一流領導力	施義彥編譯	120元
㊴一流說服力	李玉瓊編著	130元
㊵30秒鐘推銷術	廖松濤編譯	150元
㊶猶太成功商法	周蓮芬編譯	120元
㊷尖端時代行銷策略	陳蒼杰編著	100元
㊸顧客管理學	廖松濤編著	100元
㊹如何使對方說Yes	程　羲編著	150元
㊺如何提高工作效率	劉華亭編著	150元
㊼上班族口才學	楊鴻儒譯	120元
㊽上班族新鮮人須知	程　羲編著	120元
㊾如何左右逢源	程　羲編著	130元

㊿語言的心理戰	多湖輝著	130元
㊿①扣人心弦演說術	劉名揚編著	120元
㊿③如何增進記憶力、集中力	廖松濤譯	130元
㊿⑤性惡企業管理學	陳蒼杰譯	130元
㊿⑥自我啟發200招	楊鴻儒編著	150元
㊿⑦做個傑出女職員	劉名揚編著	130元
㊿⑧靈活的集團營運術	楊鴻儒編著	120元
⑥⓪個案研究活用法	楊鴻儒編著	130元
⑥①企業教育訓練遊戲	楊鴻儒編著	120元
⑥②管理者的智慧	程　義編譯	130元
⑥③做個佼佼管理者	馬筱莉編譯	130元
⑥④智慧型說話技巧	沈永嘉編譯	130元
⑥⑥活用佛學於經營	松濤弘道著	150元
⑥⑦活用禪學於企業	柯素娥編譯	130元
⑥⑧詭辯的智慧	沈永嘉編譯	150元
⑥⑨幽默詭辯術	廖玉山編譯	150元
⑦⓪拿破崙智慧箴言	柯素娥編譯	130元
⑦①自我培育・超越	蕭京凌編譯	150元
⑦④時間即一切	沈永嘉編譯	130元
⑦⑤自我脫胎換骨	柯素娥譯	150元
⑦⑥贏在起跑點—人才培育鐵則	楊鴻儒編譯	150元
⑦⑦做一枚活棋	李玉瓊編譯	130元
⑦⑧面試成功戰略	柯素娥編譯	130元
⑦⑨自我介紹與社交禮儀	柯素娥編譯	150元
⑧⓪說NO的技巧	廖玉山編譯	130元
⑧①瞬間攻破心防法	廖玉山編譯	120元
⑧②改變一生的名言	李玉瓊編譯	130元
⑧③性格性向創前程	楊鴻儒編譯	130元
⑧④訪問行銷新竅門	廖玉山編譯	150元
⑧⑤無所不達的推銷話術	李玉瓊編譯	150元

・處 世 智 慧・電腦編號 03

①如何改變你自己	陸明編譯	120元
④幽默說話術	林振輝編譯	120元
⑤讀書36計	黃柏松編譯	120元
⑥靈感成功術	譚繼山編譯	80元
⑧扭轉一生的五分鐘	黃柏松編譯	100元
⑨知人、知面、知其心	林振輝譯	110元
⑩現代人的詭計	林振輝譯	100元
⑫如何利用你的時間	蘇遠謀譯	80元

國立中央圖書館出版品預行編目資料

2000年5月全世界毀滅/紫藤甲子男著；吳秋嬌譯
——初版，——臺北市，大展，民85
面；　公分，——（精選系列；7）
譯自：200年5月全世界は壞滅する！
ISBN 957-557-592-X（平裝）

1. 預言

296.5　　850026 92

2000年5月全世界毀滅

ISBN 957-557-592-x

原著者/ 紫藤甲子男
編譯者/ 吳秋嬌
發行人/ 蔡森明
出版者/ 大展出版社有限公司
社址/ 台北市北投區（石牌）致遠一路2段12巷1號
電話/ （02）8236031·8236033
傳真/ （02）8272069
郵政劃撥/ 0166955-1
登記證/ 局版臺業字第2171號

承印者/ 國順圖書有限公司
裝訂/ 嶸興裝訂有限公司
排版者/ 宏益電腦排版有限公司
電話/ （02）5611592
初版/ 1996年（民85年）5月
定價/ 180元

大展好書 好書大展

大展好書 好書大展